清代雄安职官年表

魏国栋 梁松涛 编

北京燕山出版社

5

第五册

清代任丘职官年表

职官	人名	籍贯	出身	出处及在职时间及在职时间
县令	赵　焕	密云人	贡士	《乾隆任丘县志》顺治元年
县丞	朱　紫		监生	《乾隆任丘县志》顺治元年
县尉典史	马明骏			《乾隆任丘县志》顺治元年
驿丞	臧承恩			《乾隆任丘县志》顺治元年
教谕	赵　焕	密云人	贡士	《乾隆任丘县志》顺治元年
教谕	张蕴奇	枣强人	贡士	《乾隆任丘县志》顺治元年
教谕	石　暹	威县人	贡士	《乾隆任丘县志》顺治元年
教谕	杨呈秀	郑县人	贡士	《乾隆任丘县志》顺治元年
训导	刘延龄	山海关人	贡士	《乾隆任丘县志》顺治元年

职官	人名	籍贯	出身	出处及在职时间及在职时间
训导	秦有容		贡士	《乾隆任丘县志》顺治元年
训导	李新开		贡士	《乾隆任丘县志》顺治元年
训导	蒋先裕	怀柔人	贡士	《乾隆任丘县志》顺治元年
县令	徐淳	辽东人		《乾隆任丘县志》顺治二年
县丞	沈元泰		吏员	《乾隆任丘县志》顺治二年
县尉典史	陈安国			《乾隆任丘县志》顺治二年
驿丞	何廷元			《乾隆任丘县志》顺治二年
县令	方策	辽东人		《乾隆任丘县志》顺治三年
县丞	吴贞明		贡士	《乾隆任丘县志》顺治三年

职官	人名	籍贯	出身	出处及在职时间及在职时间
县尉典史	章谦			《乾隆任丘县志》顺治三年
驿丞	姚承明	浙江人		《乾隆任丘县志》顺治三年
县令	王思治	辽东人		《乾隆任丘县志》顺治七年
县尉典史	童世荣			《乾隆任丘县志》顺治七年
县丞	江浡然		进士	《乾隆任丘县志》顺治十二年
县令	翁年奕	余姚人		《乾隆任丘县志》顺治十二年
教谕	刘溥	宣镇人	举人	《乾隆任丘县志》顺治十六年
训导	姬宏基	安州人	贡士	《乾隆任丘县志》顺治十六年
县令	吴琮	江夏人	贡士	《乾隆任丘县志》康熙元年

职官	人名	籍贯	出身	出处及在职时间及在职时间
教谕	吴焕	福建人顺天籍	举人	《乾隆任丘县志》康熙元年
县令	杨州彦	当阳人	进士	《乾隆任丘县志》康熙五年
县丞	徐国治	辽东人		《乾隆任丘县志》康熙五年
县尉典史	吴晋			《乾隆任丘县志》康熙五年
驿丞	王廷盛	西安人		《乾隆任丘县志》康熙五年
县令	胥琬	山东人	进士	《乾隆任丘县志》康熙九年
县尉典史	陈复新	山西人		《乾隆任丘县志》康熙九年
教谕	朱尔怡	奉天人	举人	《乾隆任丘县志》康熙十年
县令	刘日光	绛州人	举人	《乾隆任丘县志》康熙十一年

职官	人名	籍贯	出身	出处及在职时间及在职时间
县丞	琚五吉	山西人	贡士	《乾隆任丘县志》康熙十一年
县尉典史	鲁炜	山阴人		《乾隆任丘县志》康熙十一年
县令	姚原沩	嘉兴人	进士	《乾隆任丘县志》康熙十二年
县尉典史	田秀		吏员	《乾隆任丘县志》康熙十二年
县尉典史	董功聊	陕西人	吏员	《乾隆任丘县志》康熙十二年
驿丞	车开元		吏员	《乾隆任丘县志》康熙十二年
教谕	贾焯然	保定人	举人	《乾隆任丘县志》康熙十八年
训导	杨九鼎	武清人	岁贡	《乾隆任丘县志》康熙十八年
县令	邓文源	江夏人	举人	《乾隆任丘县志》康熙二十二年

职官	人名	籍贯	出身	出处及在职时间及在职时间
教谕	蔡芹香	文安人	举人	《乾隆任丘县志》康熙二十三年
训导	刘杖	高阳人	贡士	《乾隆任丘县志》康熙二十七年
县令	许毓芳	宜兴人	副榜	《乾隆任丘县志》康熙三十年
县尉典史	陈一瑞	金华人		《乾隆任丘县志》康熙三十年
教谕	黄之裳	元城人	举人	《乾隆任丘县志》康熙三十一年
教谕	朱良佐	无极人	举人	《乾隆任丘县志》康熙三十五年
主簿	刘清标	镶红旗汉军		《乾隆任丘县志》康熙三十七年
主簿	郑良佐	武功人	监生	《乾隆任丘县志》康熙四十年
县令	沈枚功	嘉兴人	岁贡	《乾隆任丘县志》康熙四十一年

职官	人名	籍贯	出身	出处及在职时间及在职时间
教谕	王芳毓	奉天人	拔贡	《乾隆任丘县志》康熙四十二年
训导	雷元正	通州人	岁贡	《乾隆任丘县志》康熙四十四年
教谕	徐公望	大兴人	岁贡	《乾隆任丘县志》康熙四十五年
县令	林瑄	新宁人	举人	《乾隆任丘县志》康熙四十七年
主簿	满家彦	江宁人	吏员	《乾隆任丘县志》康熙四十七年
县尉典史	张廷达		吏员	《乾隆任丘县志》康熙四十七年
县令	蔡芳升	福建人	举人	《乾隆任丘县志》康熙四十八年
县尉典史	戎箴	鄞县人		《乾隆任丘县志》康熙五十四年
主簿	郭大域	山西人	监生	《乾隆任丘县志》康熙五十五年

职官	人名	籍贯	出身	出处及在职时间及在职时间
教谕	宋瑛	博野人	举人	《乾隆任丘县志》康熙五十五年
训导	范焕	涿州人	贡士	《乾隆任丘县志》康熙五十八年
县令	陈馀芳	章州人	进士	《乾隆任丘县志》康熙五十九年
主簿	吴修	山阴人	监生	《乾隆任丘县志》康熙六十年
县令	袁圻	曹州人	监生	《乾隆任丘县志》雍正元年
县尉典史	薛伟			《乾隆任丘县志》雍正元年
驿丞	赵又怀	山西人		《乾隆任丘县志》雍正元年
训导	孙继美	辽阳人	贡士	《乾隆任丘县志》雍正四年
千总	窦天禄	直隶人	行伍	《爵秩新本》《中枢备览》雍正四年夏

职官	人名	籍贯	出身	出处及在职时间及在职时间
县尉典史	柯有茹	歙县人	阁供	《乾隆任丘县志》雍正六年
县令	夏封泰	归安人	进士	《乾隆任丘县志》雍正七年
主簿	荆锡畴	丹阳人	监生	《乾隆任丘县志》雍正九年
县尉典史	马　重	山东人		《乾隆任丘县志》雍正九年
教谕	方宏礼	江南人大兴籍	举人	《乾隆任丘县志》雍正九年
训导	马一骥	奉天人	贡士	《乾隆任丘县志》雍正九年
县令	钱孙振	归安人	进士	《乾隆任丘县志》雍正十年
县尉典史	陈载德			《乾隆任丘县志》雍正十年
教谕	孙念祖	开州人	举人	《乾隆任丘县志》雍正十年

职官	人名	籍贯	出身	出处及在职时间及在职时间
县尉典史	蔡名元			《乾隆任丘县志》雍正十一年
县令	陆福宜	泰兴人	监生	《乾隆任丘县志》雍正十三年
主簿	唐纲	歙县人	监生	《乾隆任丘县志》雍正十三年
县尉典史	戴延祺	江西人	吏员	《乾隆任丘县志》雍正十三年
教谕	韩德昌	柏乡人	举人	《乾隆任丘县志》雍正十三年
千总	张文宪	榆林人	武举	《乾隆任丘县志》雍正年间
训导	杨钟恒	长垣人	贡士	《乾隆任丘县志》乾隆元年
主簿	李晟	山阴人	监生	《乾隆任丘县志》乾隆元年
县尉典史	张文英	崇庆人	吏员	《乾隆任丘县志》乾隆元年

职官	人名	籍贯	出身	出处及在职时间及在职时间
县令	任弘业	山阴人	进士	《乾隆任丘县志》乾隆二年
教谕	徐经	蠡县人	举人	《乾隆任丘县志》乾隆二年
训导	邵宁远	大兴人	贡生	《乾隆任丘县志》乾隆二年
主簿	金廷端	嘉兴人	监生	《乾隆任丘县志》乾隆二年
县尉典史	吴惟忠	桐城人	阁供	《乾隆任丘县志》乾隆三年
县尉典史	鲍裕光	青阳人	天文生	《乾隆任丘县志》乾隆三年
县令	朱煐	石屏州人	进士	《乾隆任丘县志》乾隆四年
主簿	高自伟	宁晋人	秀监	《乾隆任丘县志》乾隆五年
县令	施毓晖	余姚人	进士	《乾隆任丘县志》乾隆九年

职官	人名	籍贯	出身	出处及在职时间及在职时间
县尉典史	赖 修	福建人	监生	《乾隆任丘县志》乾隆九年
训导	杨元起	宛平人	贡生	《乾隆任丘县志》乾隆九年
县令	吴祖修	武进人	进士	《乾隆任丘县志》乾隆十年
县尉典史	高 志	贵池人	吏员	《乾隆任丘县志》乾隆十年
县令	唐倚衡	北都人	举人	《乾隆任丘县志》乾隆十三年
主簿	周嘉露	会稽人	监生	《乾隆任丘县志》乾隆十三年
知县	吴祖修	江南武进人		《缙绅新书》乾隆十三年春
教谕	徐经	保定人	举人	《缙绅新书》乾隆十三年春
复设训导	杨元起	宛平人	廪贡	《缙绅新书》乾隆十三年春

职官	人名	籍贯	出身	出处及在职时间及在职时间
管河主簿	高自传	直隶人	例监	《缙绅新书》乾隆十三年春
县尉典史	倪英锦	崇庆人	吏员	《乾隆任丘县志》乾隆十四年
训导	董时宪	遵化人	贡生	《乾隆任丘县志》乾隆十四年
县令	顾之麟	仁和人	进士	《乾隆任丘县志》乾隆十四年
县令	陈文合	潮州人	举人	《乾隆任丘县志》乾隆十四年
主簿	倪英锦			《乾隆任丘县志》乾隆十六年
县尉典史	朱 礼	衡阳人	吏员	《乾隆任丘县志》乾隆十六年
县尉典史	逯天鑑	长清人	吏员	《乾隆任丘县志》乾隆十六年
县尉典史	蒋 梅	都匀人	吏员	《乾隆任丘县志》乾隆十六年

职官	人名	籍贯	出身	出处及在职时间及在职时间
主簿	徐炳文	山阴人	阁供	《乾隆任丘县志》乾隆十八年
教谕	郭振采	杭州人宛平人	举人	《乾隆任丘县志》乾隆十八年
县令	邹云城	无锡人	举人	《乾隆任丘县志》乾隆十九年
主簿	敖 焕	无锡人	监生	《乾隆任丘县志》乾隆十九年
县令	钟凤翔	海宁人	进士	《乾隆任丘县志》乾隆二十年
主簿	杨龙翔	历城人	监生	《乾隆任丘县志》乾隆二十一年
教谕	张聊全	广宁人	岁贡	《乾隆任丘县志》乾隆二十二年
县尉典史	方金城	仁和人	监生	《乾隆任丘县志》乾隆二十三年
县尉典史	高自得	青州人	吏员	《乾隆任丘县志》乾隆二十三年

职官	人名	籍贯	出身	出处及在职时间及在职时间
教谕	刘文述	枣强人	举人	《乾隆任丘县志》乾隆二十四年
教谕	赵国祥	武邑人	举人	《乾隆任丘县志》乾隆二十四年
县令	刘统	武威人	拔贡	《乾隆任丘县志》乾隆二十五年
主簿	周世沄	杭州人	监生	《乾隆任丘县志》乾隆二十六年
千总	王启禄	天津人	行伍	《乾隆任丘县志》
千总	李云龙	通州人	行伍	《乾隆任丘县志》
千总	盛彪	三河人	行伍	《乾隆任丘县志》
知县	刘统	甘肃武威人	拔贡	《缙绅全本》乾隆二十五年冬
教谕	刘文述	冀州人	举人	《缙绅全本》乾隆二十五年冬

职官	人名	籍贯	出身	出处及在职时间及在职时间
复设训导	董时宪	遵化人	廪贡	《缙绅全本》乾隆二十五年冬
管河主薄	杨龙翔	山东历城人	例监	《缙绅全本》乾隆二十五年冬
典史	高自得	安徽人		《缙绅全本》乾隆二十五年冬
知县	刘 统	甘肃武威人	拔贡	《缙绅全本》乾隆二十六年秋
教谕	刘文述	冀州人	举人	《缙绅全本》乾隆二十六年秋
复设训导	董时宪	遵化人	廪贡	《缙绅全本》乾隆二十六年秋
管河主薄	周世法	浙江仁和人	例监	《缙绅全本》乾隆二十六年秋
典史	高自得	安徽人		《缙绅全本》乾隆二十六年秋
知县加一级	刘 统	甘肃武威人	拔贡	《缙绅全书》乾隆三十年春

职官	人名	籍贯	出身	出处及在职时间及在职时间
教谕	赵重英	天津人	举人	《缙绅全书》乾隆三十年春
复设训导	王邦彦	大名人	贡生	《缙绅全书》乾隆三十年春
管河主簿	周世云	浙江仁和人	监生	《缙绅全书》乾隆三十年春
典史	高自得	安徽贵池人		《缙绅全书》乾隆三十年春
知县加一级	陈圣进	广西平乐人		《爵秩全本》乾隆三十年冬
教谕	赵仲英	天津人		《爵秩全本》乾隆三十年冬
复设训导	王邦彦	大名人	贡生	《爵秩全本》乾隆三十年冬
管河主簿	孙泳	江苏阳湖人	例监	《爵秩全本》乾隆三十年冬
典史	高自得	安徽贵池人		《爵秩全本》乾隆三十年冬

职官	人名	籍贯	出身	出处及在职时间及在职时间
县令	商 衡	会稽人	进士	《道光任丘县志》乾隆三十二年
主簿	刘 懋			《道光任丘县志》乾隆三十二年
知县	商 衡	浙江会稽人	进士	《爵秩全本》乾隆三十三年秋
教谕	孟充善	滦州人	举人	《爵秩全本》乾隆三十三年秋
复设训导	王邦彦	大名人	廪贡	《爵秩全本》乾隆三十三年秋
县丞管管河主簿事	刘 棽	安徽人	监生	《爵秩全本》乾隆三十三年秋
典史	高自得	安徽贵池人		《爵秩全本》乾隆三十三年秋
县令	周凤岐	永嘉人	举人	《道光任丘县志》乾隆三十五年
县令	归景照	常熟人	监生	《道光任丘县志》乾隆三十六年

职官	人名	籍贯	出身	出处及在职时间及在职时间
训导	邵自华	大兴人	举人	《道光任丘县志》乾隆三十九年
典史	高堂玮	海阳人	监生	《道光任丘县志》乾隆四十年
县令	嵇承孟	无锡人	监生	《道光任丘县志》乾隆四十一年
知县加一级	嵇承孟	江苏无锡人	保举	《缙绅全书》《中枢备览》乾隆四十二年秋
教谕	孟充善	滦州人	举人	《缙绅全书》《中枢备览》乾隆四十二年秋
复设训导	张文伟	大兴人	廪贡	《缙绅全书》《中枢备览》乾隆四十二年秋
管河主簿	潘应龙	安徽桐城人		《缙绅全书》《中枢备览》乾隆四十二年秋
典史	李台	山东人	监生	《缙绅全书》《中枢备览》乾隆四十二年秋
县令	盛鐏	元和人	监生	《道光任丘县志》乾隆四十四年

职官	人名	籍贯	出身	出处及在职时间及在职时间
教谕	贾云锦	藁城人	举人	《道光任丘县志》乾隆四十五年
县令	吴大受	钱塘人	监生	《道光任丘县志》乾隆四十六年
主簿	蒋廷瓒	吴县人	监生	《道光任丘县志》乾隆四十九年
主簿	徐士模	大兴人	监生	《道光任丘县志》乾隆五十一年
主簿	姚祖善	钱塘人	监生	《道光任丘县志》乾隆五十二年
主簿	郑以简	如皋人	监生	《道光任丘县志》乾隆五十三年
典史	宋廷相	山阴人	监生	《道光任丘县志》乾隆五十三年
知县加一级	吴大受	浙江钱塘人	监生	《缙绅全书》《中枢备览》乾隆五十三年春
教谕	贾云锦	藁城人	举人	《缙绅全书》《中枢备览》乾隆五十三年春

职官	人名	籍贯	出身	出处及在职时间及在职时间
复设训导	张文伟	大兴人	廪贡	《缙绅全书》《中枢备览》乾隆五十三年春
管河主簿	徐士模	大兴人	监生	《缙绅全书》《中枢备览》乾隆五十三年春
典史	高掌玮	山东海阳人	监生	《缙绅全书》《中枢备览》乾隆五十三年春
县令	周世榮	祥符人	进士	《道光任丘县志》乾隆五十四年
县令	王景舆	章丘人	监生	《道光任丘县志》乾隆五十四年
县令	续俱扬	崞县人	举人	《道光任丘县志》乾隆五十六年
主簿	韩毂仁	长洲人	监生	《道光任丘县志》乾隆五十六年
典史	郎振祖	慈溪人	监生	《道光任丘县志》乾隆五十七年
教谕	杨 铭	容城人	举人	《道光任丘县志》乾隆五十八年

职官	人名	籍贯	出身	出处及在职时间及在职时间
主簿	张乐昌	山阴人	监生	《道光任丘县志》乾隆五十九年
教谕	孟充善		举人	《道光任丘县志》乾隆年间
训导	张文伟	大兴人	贡士	《道光任丘县志》乾隆年间
训导	李缜	迁安人	廪贡	《道光任丘县志》
千总	李秉仁	永平人	行伍	《道光任丘县志》
千总	路允成	青县人	行伍	《道光任丘县志》
千总	李用中	正定人	行伍	《道光任丘县志》
千总	李文台	天津人	行伍	《道光任丘县志》
训导	郭子瞻	武强人	举人	《道光任丘县志》乾隆六十年

职官	人名	籍贯	出身	出处及在职时间及在职时间
主簿	薛介廷	雒南人	廪贡	《道光任丘县志》嘉庆元年
主簿	黄珽	桐城人	监生	《道光任丘县志》嘉庆元年
知县加一级	续俱扬	山西嶂县人	举人	《缙绅全书》嘉庆元年春
复设训导	郭子瞻	武强人	举人	《缙绅全书》嘉庆元年春
教谕	杨铭	容城人	举人	《缙绅全书》嘉庆元年春
管河主簿	张乐昌	浙江山阴人	监生	《缙绅全书》嘉庆元年春
典史	郎振祖	浙江慈溪人	监生	《缙绅全书》嘉庆元年春
知县加一级	续俱扬	山西嶂县人	举人	《缙绅全书》嘉庆二年冬
复设训导	郭子瞻	武强人	举人	《缙绅全书》嘉庆二年冬

职官	人名	籍贯	出身	出处及在职时间及在职时间
教谕	杨 铭	容城人	举人	《缙绅全书》嘉庆二年冬
管河主薄	薛介廷	陕西雒南人	岁贡	《缙绅全书》嘉庆二年冬
典史	宋廷相	浙江山阴人	监生	《缙绅全书》嘉庆二年冬
县令	张 霨	武盛人	举人	《道光任丘县志》嘉庆三年
知县	续俱扬	山西崞县人	举人	《缙绅全书》嘉庆三年秋
复设训导	郭子瞻	武强人	举人	《缙绅全书》嘉庆三年秋
教谕	杨 铭	容城人	举人	《缙绅全书》嘉庆三年秋
管河主薄	薛介廷	陕西雒南人	岁贡	《缙绅全书》嘉庆三年秋
典史	宋廷相	浙江山阴人	监生	《缙绅全书》嘉庆三年秋

职官	人名	籍贯	出身	出处及在职时间及在职时间
知县	续俱扬	山西崞县人	举人	《缙绅全书》嘉庆三年冬
复设训导	郭子瞻	武强人	举人	《缙绅全书》嘉庆三年冬
教谕	杨铭	容城人	举人	《缙绅全书》嘉庆三年冬
管河主薄	张允杰	山西临汾人	贡生	《缙绅全书》《道光任丘县志》嘉庆三年冬
典史	宋廷相	浙江山阴人	监生	《缙绅全书》嘉庆三年冬
县令	郎锦骐	代州人	举人	《道光任丘县志》嘉庆四年
训导	陈沐	抚宁人	举人	《道光任丘县志》嘉庆四年
知县	陈元芳	云南罗平州人		《缙绅全书》《道光任丘县志》嘉庆五年冬
复设训导	陈沐	抚宁人	举人	《缙绅全书》嘉庆五年冬

职官	人名	籍贯	出身	出处及在职时间及在职时间
教谕	杨　铭	容城人	举人	《缙绅全书》嘉庆五年冬
管河主薄	张允杰	山西临汾人	贡生	《缙绅全书》嘉庆五年冬
典史	宋廷相	浙江山阴人	监生	《缙绅全书》嘉庆五年冬
典史	黄克昌	武进人	监生	《道光任丘县志》嘉庆六年
主簿	聂　恭	新淦人	监生	《道光任丘县志》嘉庆七年
教谕	潘　检	威县人	举人	《道光任丘县志》嘉庆七年
训导	王作樸	丰润人	举人	《道光任丘县志》嘉庆七年
主簿	孔昭诚	曲阜人	监生	《道光任丘县志》嘉庆八年
主簿	李廷珍	历城人	监生	《道光任丘县志》嘉庆九年

职官	人名	籍贯	出身	出处及在职时间及在职时间
知县加一级	陈元芳	云南罗平州人		《缙绅全书》嘉庆九年春
复设训导	王作樑	遵化州人	举人	《缙绅全书》嘉庆九年春
教谕	潘检	广平人	举人	《缙绅全书》嘉庆九年春
管河主薄	聂恭	江西新淦人	监生	《缙绅全书》嘉庆九年春
典史	黄克昌	江苏武进人	监生	《缙绅全书》嘉庆九年春
知县加一级	陈元芳	云南罗平州人		《缙绅全书》《中枢备览》嘉庆十一年春
复设训导	王作樑	遵化州人	举人	《缙绅全书》《中枢备览》嘉庆十一年春
教谕	潘检	广平人	举人	《缙绅全书》《中枢备览》嘉庆十一年春
管河主薄	李廷珍	山东历城人	监生	《缙绅全书》《中枢备览》嘉庆十一年春

职官	人名	籍贯	出身	出处及在职时间及在职时间
典史	黄克昌	江苏武进人	监生	《缙绅全书》《中枢备览》嘉庆十一年春
知县	陈元芳	云南罗平州人		《缙绅全书》嘉庆十一年夏
复设训导	王作楪	遵化州人	举人	《缙绅全书》嘉庆十一年夏
教谕	潘检	广平人	举人	《缙绅全书》嘉庆十一年夏
管河主薄	李廷珍	山东历城人	监生	《缙绅全书》嘉庆十一年夏
典史	黄克昌	江苏武进人	监生	《缙绅全书》嘉庆十一年夏
县令	李训书	济宁州人		《道光任丘县志》嘉庆十二年
典史	曾世义	巴县人	吏员	《道光任丘县志》嘉庆十二年
训导	孟宏德	延庆人	贡士	《道光任丘县志》嘉庆十二年

职官	人名	籍贯	出身	出处及在职时间及在职时间
典史	曹书年	贵池人	监生	《道光任丘县志》嘉庆十三年
训导	马烜	青县人	贡士	《道光任丘县志》嘉庆十三年
训导	牛广士	静海人	举人	《道光任丘县志》嘉庆十四年
主簿	希世绂	太湖厅人	吏员	《道光任丘县志》嘉庆十五年
主簿	范清涓	介休人	监生	《道光任丘县志》嘉庆十五年
县令	庄詠	莒州人	进士	《道光任丘县志》嘉庆十六年
主簿	汪钧	钱塘人	监生	《道光任丘县志》嘉庆十六年
教谕	宋去疾	蔚州人	举人	《道光任丘县志》嘉庆十六年
主簿	宝廷炳	无锡人	监生	《道光任丘县志》嘉庆十七年

职官	人名	籍贯	出身	出处及在职时间及在职时间
知县加一级	莊 咏	山东莒州人		《缙绅全书》嘉庆十七年秋
复设训导	牛广士	静海人	廪贡	《缙绅全书》嘉庆十七年秋
教谕	宋去疾	宣化府人	举人	《缙绅全书》嘉庆十七年秋
管河主薄		山西介休人		《缙绅全书》嘉庆十七年秋
典史	曹书年	安徽贵池人	监生	《缙绅全书》嘉庆十七年秋
县令	李寿春	利津人	拔贡	《道光任丘县志》嘉庆十八年
守营千总	李毓清	天津人	武举	《道光任丘县志》嘉庆十八年
主簿	刘 芬	单县人	监生	《道光任丘县志》嘉庆十九年
典史	曹文治	当涂人	监生	《道光任丘县志》嘉庆十九年

职官	人名	籍贯	出身	出处及在职时间及在职时间
训导	蔡基	通州人	贡士	《道光任丘县志》嘉庆二十年
知县加一级	邵楠	浙江山阴人	监生	《缙绅全书》嘉庆二十一年冬
教谕	曹致恭	冀州人	举人	《缙绅全书》嘉庆二十一年冬
复设训导	蔡基	通州人	廪贡	《缙绅全书》嘉庆二十一年冬
管河主簿	刘芬	山东单县人	监生	《缙绅全书》嘉庆二十一年冬
典史	闻瀚	浙江仁和人	监生	《缙绅全书》嘉庆二十一年冬
知县加一级	李寿春	山东利津人	拔贡	《缙绅全书》嘉庆二十二年春
教谕	宋去疾	宣化府人	举人	《缙绅全书》嘉庆二十二年春
复设训导	蔡基	通州人	廪贡	《缙绅全书》嘉庆二十二年春

职官	人名	籍贯	出身	出处及在职时间及在职时间
管河主簿	刘 芬	山东单县人	监生	《缙绅全书》嘉庆二十二年春
典史	曹文治	安徽当涂人	监生	《缙绅全书》嘉庆二十二年春
教谕	宋去疾	宣化府人	举人	《缙绅全书》（大）《缙绅全书》（小）嘉庆二十二年冬
复设训导	蔡 基	顺天人	廪贡	《缙绅全书》（大）《缙绅全书》（小）嘉庆二十二年冬
管河主簿	刘 芬	山东单县人	监生	《缙绅全书》（大）《缙绅全书》（小）嘉庆二十二年冬
典史	曹文治	安徽当涂人	监生	《缙绅全书》（大）《缙绅全书》（小）嘉庆二十二年冬
知县加一级	李寿春	山东利津人	拔贡	《缙绅全书》（小）嘉庆二十二年冬
县令	邵 楠	山阴人	监生	《道光任丘县志》嘉庆二十三年
典史	闻 瀚	仁和人	监生	《道光任丘县志》嘉庆二十三年

职官	人名	籍贯	出身	出处及在职时间及在职时间
教谕	曹致恭	冀州人	举人	《道光任丘县志》嘉庆二十三年
知县加一级	邵楠	浙江山阴人	监生	《缙绅全书》嘉庆二十五年夏
教谕	曹致恭	冀州人	举人	《缙绅全书》嘉庆二十五年夏
复设训导	蔡基	通州人	廪贡	《缙绅全书》嘉庆二十五年夏
管河主簿	刘芬	山东单县人	监生	《缙绅全书》嘉庆二十五年夏
典史	闻瀚	浙江仁和人	监生	《缙绅全书》嘉庆二十五年夏
县令	淡廷菜	大荔人	附贡	《道光任丘县志》道光元年
县令	蔡元禧	富顺人	举人	《道光任丘县志》道光三年
主簿	蔡政	阳湖人	吏员	《道光任丘县志》道光三年

职官	人名	籍贯	出身	出处及在职时间及在职时间
县令	康锡新	城□人	副榜	《道光任丘县志》道光四年
主簿	杨荣藻	海宁州人	监生	《道光任丘县志》道光四年
典史	钱德堃	仁和人	监生	《道光任丘县志》道光四年
知县加一级		四川富顺人	举人	《缙绅全书》《中枢备览》道光四年夏
教谕	曹致恭	冀州人	举人	《缙绅全书》《中枢备览》道光四年夏
复设训导	杨灏	万全人	贡生	《缙绅全书》《中枢备览》道光四年夏
管河主簿	蔡政	江苏阳湖人	监生	《缙绅全书》《中枢备览》道光四年夏
典史		浙江仁和人		《缙绅全书》《中枢备览》道光四年夏
教谕	曹致恭	冀州人	举人	《缙绅全书》道光四年夏

职官	人名	籍贯	出身	出处及在职时间及在职时间
复设训导	蔡 基	通州人	廪贡	《缙绅全书》道光四年夏
管河主簿	蔡 政	江苏阳湖人	监生	《缙绅全书》道光四年夏
主簿	徐敦义	德清人	监生	《道光任丘县志》道光五年
典史	潘 佺	仁和人	监生	《道光任丘县志》道光五年
主簿	甘长安	古田人	举人	《道光任丘县志》道光六年
知县	唐锡新	陕西城固人	举人	《爵秩全览》道光六年秋
教谕	曹致恭	冀州人	举人	《爵秩全览》道光六年秋
复设训导	蔡 基	通州人	廪贡	《爵秩全览》道光六年秋
管河主簿	潘 佺	浙江仁和人	监生	《爵秩全览》道光六年秋

职官	人名	籍贯	出身	出处及在职时间及在职时间
典史	钱德堃	浙江仁和人	监生	《爵秩全览》道光六年秋
知县加一级	康锡新	陕西城固人		《缙绅全书》道光七年春
教谕	曹致恭	冀州人	举人	《缙绅全书》道光七年春
复设训导	蔡　基	通州人	学贡	《缙绅全书》道光七年春
管河主薄	潘　佺	浙江仁和人	监生	《缙绅全书》道光七年春
典史	钱德堃	浙江仁和人	监生	《缙绅全书》道光七年春
县丞	程际亨	嘉善人		《道光任丘县志》道光八年
主簿	张　瀛	萧县人	监生	《道光任丘县志》道光八年
教谕	陈若畤	宛平人	进士	《道光任丘县志》道光八年

职官	人名	籍贯	出身	出处及在职时间及在职时间
主簿	姜承耀	钱塘人	监生	《道光任丘县志》道光九年
县丞	王凤楷	长清人	监生	《道光任丘县志》道光十年
知县加一级	康锡新	陕西城固人		《缙绅全书》道光十年冬
县丞	程樾	浙江桐乡人	监生	《缙绅全书》《道光任丘县志》道光十年冬
教谕	陈巷畴	宛平人	进士	《缙绅全书》道光十年冬
管河主薄	张瀛	江苏人	监生	《缙绅全书》道光十年冬
复设训导	李缜	迁安人	廪贡	《缙绅全书》道光十年冬
典史	钱德堃	浙江仁和人	监生	《缙绅全书》道光十年冬
县令	孔传薪	句容人	拔贡	《道光任丘县志》道光十一年

职官	人名	籍贯	出身	出处及在职时间及在职时间
县令	黄啟心	铜梁人	举人	《道光任丘县志》道光十一年
主簿	许奎	闽县人	监生	《道光任丘县志》道光十一年
县令	吴斯璧	藤县人	廪贡	《道光任丘县志》道光十二年
典史	岳奎龄	江夏人	吏目	《道光任丘县志》道光十二年
典史	张相	桐城人		《道光任丘县志》道光十三年
知县加一级	吴斯璧	广西滕县人	优贡	《缙绅全书》《中枢备览》道光十三年夏
县丞	程榞	浙江桐乡人	监生	《缙绅全书》《中枢备览》道光十三年夏
教谕	陈巷畴	宛平人	进士	《缙绅全书》《中枢备览》道光十三年夏
复设训导	李缜	迁安人	廪贡	《缙绅全书》《中枢备览》道光十三年夏

职官	人名	籍贯	出身	出处及在职时间及在职时间
典史	岳奎龄	湖北江庆人	监生	《缙绅全书》《中枢备览》道光十三年夏
典史	方鼇	上元人		《道光任丘县志》道光十四年
知县加一级	吴斯壁	广西滕县人	优贡	《缙绅全书》道光十四年春
县丞	程榇	浙江桐乡人	监生	《缙绅全书》道光十四年春
教谕	陈巷畤	宛平人	进士	《缙绅全书》道光十四年春
复设训导	李缜	迁安人	廪贡	《缙绅全书》道光十四年春
典史	岳奎龄	湖北江庆人	监生	《缙绅全书》道光十四年春
知县加一级	吴斯壁	广西滕县人	优贡	《缙绅全书》道光十四年夏
县丞	程榇	浙江桐乡人	监生	《缙绅全书》道光十四年夏

职官	人名	籍贯	出身	出处及在职时间及在职时间
教谕	陈巷畴	宛平人	进士	《缙绅全书》道光十四年夏
复设训导	李绲	迁安人	廪贡	《缙绅全书》道光十四年夏
典史	张相	安徽桐城人	监生	《缙绅全书》道光十四年夏
县令	鲍承煮	仁和人	进士	《道光任丘县志》道光十五年
知县加一级	鲍承熹	浙江仁和人	进士	《缙绅全书》《中枢备览》道光十六年夏
县丞	王凤楷	浙江长兴人	监生	《缙绅全书》《中枢备览》道光十六年夏
教谕	陈巷畴	顺天宛平人	进士	《缙绅全书》《中枢备览》道光十六年夏
复设训导	李绲	迁安人	廪贡	《缙绅全书》《中枢备览》道光十六年夏
典史		江苏上元人	议教	《缙绅全书》《中枢备览》道光十六年夏

职官	人名	籍贯	出身	出处及在职时间及在职时间
知县加一级	鲍承焘	浙江仁和人	进士	《缙绅全书》道光十六年秋
教谕	陈若畴	宛平县人	进士	《缙绅全书》道光十六年秋
县丞	王凤楷	浙江长兴人	监生	《缙绅全书》道光十六年秋
复设训导	李缜	迁安人	廪贡	《缙绅全书》道光十六年秋
典史	徐成珍	四川崇庆州人	吏员	《缙绅全书》《道光任丘县志》道光十六年秋
知县加一级	鲍承焘	浙江仁和人	进士	《缙绅全书》《中枢备览》道光十六年冬
教谕	陈若畴	宛平县人	进士	《缙绅全书》《中枢备览》道光十六年冬
县丞	王凤楷	浙江长兴人	监生	《缙绅全书》《中枢备览》道光十六年冬
复设训导	李缜	迁安人	廪贡	《缙绅全书》《中枢备览》道光十六年冬

职官	人名	籍贯	出身	出处及在职时间及在职时间
典史	徐成珍	四川崇庆州人	吏员	《缙绅全书》《中枢备览》道光十六年冬
知县加一级	鲍承焘	浙江仁和人	进士	《缙绅全书》道光十七年秋
教谕	陈若畴	宛平县人	进士	《缙绅全书》道光十七年秋
县丞	王凤楷	浙江长兴人	监生	《缙绅全书》道光十七年秋
复设训导	李缜	迁安人	廪贡	《缙绅全书》道光十七年秋
典史	徐成珍	四川崇庆州人	吏员	《缙绅全书》道光十七年秋
知县加一级	鲍承焘	浙江仁和人	进士	《缙绅全书》道光十八年夏
教谕	马书田	乐亭人	举人	《缙绅全书》道光十八年夏
县丞	王凤楷	浙江长兴人	监生	《缙绅全书》道光十八年夏

职官	人名	籍贯	出身	出处及在职时间及在职时间
复设训导	李 缜	迁安人	廪贡	《缙绅全书》道光十八年夏
典史	徐成珍	四川崇庆州人	吏员	《缙绅全书》道光十八年夏
知县	鲍承焘	浙江仁和人	进士	《缙绅全书》《爵秩全览》道光十九年夏
教谕	马书田	乐亭人	举人	《缙绅全书》《爵秩全览》道光十九年夏
县丞	王凤楷	浙江长兴人	监生	《缙绅全书》《爵秩全览》道光十九年夏
复设训导	李 缜	迁安人	廪贡	《缙绅全书》《爵秩全览》道光十九年夏
典史	徐成珍	四川崇庆州人	吏员	《缙绅全书》《爵秩全览》道光十九年夏
知县加一级	伊铿额	满洲厢红旗人		《缙绅全书》道光二十年秋
教谕	马书田	乐亭人	举人	《缙绅全书》道光二十年秋

职官	人名	籍贯	出身	出处及在职时间及在职时间
县丞	王凤楷	浙江长兴人	监生	《缙绅全书》道光二十年秋
复设训导	李缜	迁安人	廪贡	《缙绅全书》道光二十年秋
典史	徐成珍	四川崇庆州人	吏员	《缙绅全书》道光二十年秋
知县加一级	伊铿额	满洲厢红旗人		《缙绅全书》道光二十年冬
教谕	马书田	乐亭人	举人	《缙绅全书》道光二十年冬
县丞	王凤楷	浙江长兴人	监生	《缙绅全书》道光二十年冬
复设训导	李缜	迁安人	廪贡	《缙绅全书》道光二十年冬
典史	徐成珍	四川崇庆州人	吏员	《缙绅全书》道光二十年冬
知县加一级	伊铿额	满洲厢红旗人		《缙绅全书》《中枢备览》道光二十二年春

职官	人名	籍贯	出身	出处及在职时间及在职时间
县丞	王凤楷	浙江人	监生	《缙绅全书》《中枢备览》道光二十二年春
教谕	马书田	永平人	举人	《缙绅全书》《中枢备览》道光二十二年春
复设训导	李绢	选安人	廪贡	《缙绅全书》《中枢备览》道光二十二年春
典史	徐成珍	四川人	吏员	《缙绅全书》《中枢备览》道光二十二年春
知县加一级	伊铿额	满洲庙红旗人		《缙绅全书》道光二十二年冬
县丞	王凤楷	浙江人	监生	《缙绅全书》道光二十二年冬
教谕	马书田	永平人	举人	《缙绅全书》道光二十二年冬
复设训导	李缋	迁安人	廪贡	《缙绅全书》道光二十二年冬
典史	徐成珍	四川人	吏员	《缙绅全书》道光二十二年冬

职官	人名	籍贯	出身	出处及在职时间及在职时间
知县加一级	伊铿额	满洲旗人		《缙绅全书》道光二十五年夏
县丞	程椿	江苏人	议叙	《缙绅全书》道光二十五年夏
教谕	士全	汉军旗人	贡生	《缙绅全书》道光二十五年夏
复设训导	刘允中	赵州人	廪贡	《缙绅全书》道光二十五年夏
典史	徐成珍	四川人	吏员	《缙绅全书》道光二十五年夏
知县加一级	伊铿额	满洲厢红旗人		《缙绅全书》道光二十五年秋
县丞	程椿	江苏人	议叙	《缙绅全书》道光二十五年秋
教谕	士全	汉军旗人	贡生	《缙绅全书》道光二十五年秋
复设训导	刘允中	赵州人	廪贡	《缙绅全书》道光二十五年秋

职官	人名	籍贯	出身	出处及在职时间及在职时间
典史	徐成珍	四川人	吏员	《缙绅全书》道光二十五年秋
知县	伊铿额	满洲厢红旗人		《爵秩全览》道光二十六年
县丞	程 椿	江苏人	议叙	《爵秩全览》道光二十六年
教谕	士 全	汉军旗人	贡生	《爵秩全览》道光二十六年
复设训导	刘允中	赵州人	廪贡	《爵秩全览》道光二十六年
典史	徐成珍	四川人	吏员	《爵秩全览》道光二十六年
知县加一级	伊铿额	满洲厢红旗人		《缙绅全书》道光二十七年夏
县丞	程 椿	江苏人	议叙	《缙绅全书》道光二十七年夏
教谕	士 全	汉军旗人	贡生	《缙绅全书》道光二十七年夏

职官	人名	籍贯	出身	出处及在职时间及在职时间
复设训导	刘允中	赵州人	廪贡	《缙绅全书》道光二十七年夏
典史	徐成珍	四川人	吏员	《缙绅全书》道光二十七年夏
知县加一级	伊铿额	满洲旗人		《缙绅全书》道光二十七年秋
县丞	程春	江苏人	议叙	《缙绅全书》道光二十七年秋
教谕	士全	汉军旗人	贡生	《缙绅全书》道光二十七年秋
复设训导	刘允中	赵州人	廪贡	《缙绅全书》道光二十七年秋
典史	徐成珍	四川人	吏员	《缙绅全书》道光二十七年秋
知县	伊铿额	满洲厢红旗人	举人	《爵秩全览》道光二十八年夏
县丞	程椿	江苏甘泉人	监生	《爵秩全览》道光二十八年夏

职官	人名	籍贯	出身	出处及在职时间及在职时间
教谕	士 全	汉军正白旗人	优贡	《爵秩全览》道光二十八年夏
复设训导	刘允中	赵州人	廪贡	《爵秩全览》道光二十八年夏
典史	徐成珍	四川人	吏员	《爵秩全览》道光二十八年夏
知县加一级	伊铿额	满洲厢红旗人	举人	《缙绅全书》道光二十八年冬
县丞	程 椿	江苏甘泉人	监生	《缙绅全书》道光二十八年冬
教谕	倪 耀	永平人	举人	《缙绅全书》道光二十八年冬
复设训导	刘允中	赵州人	廪贡	《缙绅全书》道光二十八年冬
典史	徐成珍	四川人	吏员	《缙绅全书》道光二十八年冬
知县加一级	伊铿额	满洲厢红旗人	举人	《缙绅全书》道光二十九年夏

职官	人名	籍贯	出身	出处及在职时间及在职时间
县丞	程 椿	江苏甘泉人	监生	《缙绅全书》道光二十九年夏
教谕	陈九成	保定府人	举人	《缙绅全书》道光二十九年夏
复设训导	刘允中	赵州人	廪贡	《缙绅全书》道光二十九年夏
典史	徐成珍	四川人	吏员	《缙绅全书》道光二十九年夏
知县	伊铿额	满洲厢红旗人	举人	《爵秩全览》咸丰元年夏
县丞	程 椿	江苏甘泉人	监生	《爵秩全览》咸丰元年夏
教谕	陈九成	保定府人	举人	《爵秩全览》咸丰元年夏
复设训导	刘允中	赵州人	廪贡	《爵秩全览》咸丰元年夏
典史	徐成珍	四川崇庆州人	吏员	《爵秩全览》咸丰元年夏

职官	人名	籍贯	出身	出处及在职时间及在职时间
县丞	程椿	江苏甘泉人	监生	《爵秩全览》咸丰二年冬
教谕	陈九成	保定府人	举人	《爵秩全览》咸丰二年冬
复设训导	刘允中	赵州人	廪贡	《爵秩全览》咸丰二年冬
典史	赵元勳	浙江山阴人	监生	《爵秩全览》咸丰二年冬
知县加一级	方汝翊	安徽桐城人	举人	《缙绅全书》咸丰三年夏
县丞	程椿	江苏甘泉人	议叙	《缙绅全书》咸丰三年夏
教谕	陈九成	保定人	举人	《缙绅全书》咸丰三年夏
复设训导	刘允中	赵州人	廪贡	《缙绅全书》咸丰三年夏
典史	赵元勳	浙江山阴人	监生	《缙绅全书》咸丰三年夏

职官	人名	籍贯	出身	出处及在职时间及在职时间
知县加一级	伊铿额	满洲厢红旗人	举人	《缙绅全书》咸丰四年春
县丞	程椿	江苏甘泉人	议叙	《缙绅全书》咸丰四年春
教谕	士全	汉军正白旗人	优贡	《缙绅全书》咸丰四年春
复设训导	刘允中	赵州人	廪贡	《缙绅全书》咸丰四年春
典史	徐成珍	四川崇庆州人	吏员	《缙绅全书》咸丰四年春
知县	方汝翊	安徽定远人	举人	《缙绅全书》咸丰四年
县丞	程椿	江苏甘泉人	议叙	《缙绅全书》咸丰四年
教谕	陈九成	保定人	举人	《缙绅全书》咸丰四年
复设训导	刘允中	赵州人	廪贡	《缙绅全书》咸丰四年

职官	人名	籍贯	出身	出处及在职时间及在职时间
典史	赵元勋	浙江山阴人	监生	《缙绅全书》咸丰四年
知县	方汝翊	安徽定远人	举人	《爵秩全览》咸丰六年春
县丞	程椿	江苏甘泉人	监生	《爵秩全览》咸丰六年春
教谕	陈九成	保定府人	举人	《爵秩全览》咸丰六年春
复设训导	刘允中	赵州人	廪贡	《爵秩全览》咸丰六年春
典史	赵光勋	浙江山阴人	监生	《爵秩全览》咸丰六年春
知县加一级	方汝翊	安徽桐城人	举人	《缙绅全书》咸丰六年春
县丞	程椿	江苏甘泉人	议叙	《缙绅全书》咸丰六年春
教谕	陈九成	保定人	举人	《缙绅全书》咸丰六年春

职官	人名	籍贯	出身	出处及在职时间及在职时间
复设训导	刘允中	赵州人	廪贡	《缙绅全书》咸丰六年春
典史	赵元勋	浙江山阴人	吏员	《缙绅全书》咸丰六年春
知县	祥瑞	蒙古厢蓝旗人	监生	《爵秩全览》咸丰六年夏
县丞	钟景	浙江海宁人	供事	《爵秩全览》咸丰六年夏
教谕	陈九成	保定府人	举人	《爵秩全览》咸丰六年夏
复设训导	刘允中	赵州人	廪贡	《爵秩全览》咸丰六年夏
典史	赵光勋	浙江山阴人	监生	《爵秩全览》咸丰六年夏
知县	祥瑞	蒙古厢蓝旗人	监生	《爵秩全览》咸丰七年秋
县丞	钟景	浙江海宁人	供事	《爵秩全览》咸丰七年秋

职官	人名	籍贯	出身	出处及在职时间及在职时间
教谕	陈九成	保定府人	举人	《爵秩全览》咸丰七年秋
复设训导	刘允中	赵州人	廪贡	《爵秩全览》咸丰七年秋
典史	赵光勳	浙江山阴人	监生	《爵秩全览》咸丰七年秋
知县	祥瑞	蒙古厢蓝旗人	监生	《爵秩全览》咸丰七年冬
县丞	钟景	浙江海宁人	供事	《爵秩全览》咸丰七年冬
教谕	陈九成	保定府人	举人	《爵秩全览》咸丰七年冬
复设训导	刘允中	赵州人	廪贡	《爵秩全览》咸丰七年冬
典史	赵光勳	浙江山阴人	监生	《爵秩全览》咸丰七年冬
知县加一级	祥瑞	蒙古厢蓝旗人	监生	《缙绅全书》咸丰八年冬

职官	人名	籍贯	出身	出处及在职时间及在职时间
县丞	钟 景	浙江海宁人	议叙	《缙绅全书》咸丰八年冬
训导	陈九成	保定人	举人	《缙绅全书》咸丰八年冬
复设训导	刘允中	赵州人	廪贡	《缙绅全书》咸丰八年冬
典史	赵元勳	浙江山阴人	监生	《缙绅全书》咸丰八年冬
知县加一级	祥 瑞	蒙古厢蓝旗人	监生	《缙绅全书》咸丰九年夏
县丞	钟 景	浙江海宁人	议叙	《缙绅全书》咸丰九年夏
训导	陈九成	保定人	举人	《缙绅全书》咸丰九年夏
复设训导	刘允中	赵州人	廪贡	《缙绅全书》咸丰九年夏
典史	赵元勳	浙江山阴人	监生	《缙绅全书》咸丰九年夏

职官	人名	籍贯	出身	出处及在职时间及在职时间
知县		山东人	监生	《缙绅全书》咸丰十年秋
县丞	钟　景	浙江海宁人	议叙	《缙绅全书》咸丰十年秋
教谕	陈九成	保定人	举人	《缙绅全书》咸丰十年秋
复设训导	刘允中	赵州人	廪贡	《缙绅全书》咸丰十年秋
典史	张绍光	奉天锦县人	监生	《缙绅全书》咸丰十年秋
知县		山东人	监生	《缙绅全书》咸丰十年
县丞	钟　景	浙江海宁人	议叙	《缙绅全书》咸丰十年
教谕	陈九成	保定人	举人	《缙绅全书》咸丰十年
复设训导	刘允中	赵州人	廪贡	《缙绅全书》咸丰十年

职官	人名	籍贯	出身	出处及在职时间及在职时间
典史	张绍光	奉天锦县人	监生	《缙绅全书》咸丰十年
知县加一级	刘松龄	山东济阳人	进士	《缙绅全书》同治四年夏
县丞	王广爱	山东济宁人	监生	《缙绅全书》同治四年夏
教谕	陈九成	保定人	举人	《缙绅全书》同治四年夏
复设训导	刘允中	赵州人	廪贡	《缙绅全书》同治四年夏
典史	张绍先	奉天锦县人	监生	《缙绅全书》同治四年夏
知县	郑 沂	山西阳曲人		《缙绅全书》同治五年春
县丞	王广爱	山东济宁人	监生	《缙绅全书》同治五年春
教谕	陈九成	保定人	举人	《缙绅全书》同治五年春

职官	人名	籍贯	出身	出处及在职时间及在职时间
复设训导	刘允中	赵州人	廪贡	《缙绅全书》同治五年春
典史	张绍先	奉天锦县人	监生	《缙绅全书》同治五年春
知县	郑 沂	山西阳曲人		《爵秩全览》同治六年春
县丞	王广爱	山东济宁人	监生	《爵秩全览》同治六年春
教谕	陈九成	保定人	举人	《爵秩全览》同治六年春
复设训导	刘允中	赵州人	廪贡	《爵秩全览》同治六年春
典史	张绍先	奉天锦县人	监生	《爵秩全览》同治六年春
知县加一级	郑 沂	山西阳曲人		《缙绅全书》同治六年春
县丞	王广爱	山东济宁人	监生	《缙绅全书》同治六年春

职官	人名	籍贯	出身	出处及在职时间及在职时间
教谕	陈九成	保定人	举人	《缙绅全书》同治六年春
复设训导	刘允中	赵州人	廪贡	《缙绅全书》同治六年春
典史	张绍先	奉天锦县人	监生	《缙绅全书》同治六年春
知县	郑沂	山西阳曲人		《缙绅全书》同治六年秋
县丞	王广爱	山东济宁人	监生	《缙绅全书》同治六年秋
教谕	陈九成	保定人	举人	《缙绅全书》同治六年秋
复设训导	刘允中	赵州人	廪贡	《缙绅全书》同治六年秋
典史	陆廷杲	浙江桐乡人	监生	《缙绅全书》同治六年秋
知县	郑沂	山西阳曲人		《缙绅全书》同治八年春

职官	人名	籍贯	出身	出处及在职时间及在职时间
县丞	王广爱	山东济宁人	监生	《缙绅全书》同治八年春
教谕	陈九成	保定人	举人	《缙绅全书》同治八年春
复设训导	王庆善	保定人	廪贡	《缙绅全书》同治八年春
典史	陆廷杲	浙江桐乡人	监生	《缙绅全书》同治八年春
知县加一级		山西阳曲人		《缙绅全书》同治八年冬
县丞	王广爱	山东济宁人	监生	《缙绅全书》同治八年冬
教谕	陈九成	保定人	举人	《缙绅全书》同治八年冬
复设训导	王庆善	保定人	廪贡	《缙绅全书》同治八年冬
典史	陆廷杲	浙江桐乡人	监生	《缙绅全书》同治八年冬

职官	人名	籍贯	出身	出处及在职时间及在职时间
知县	马河图	河南西华人	廪贡	《爵秩全览》同治九年春
县丞	王广爱	山东济宁人	监生	《爵秩全览》同治九年春
教谕	陈九成	保定人	举人	《爵秩全览》同治九年春
复设训导	王庆善	保定人	廪贡	《爵秩全览》同治九年春
典史	陆廷杲	浙江桐乡人	监生	《爵秩全览》同治九年春
知县加一级	马河图	河南西华人	廪贡	《缙绅全书》同治九年夏
教谕	陈九成	保定府人	举人	《缙绅全书》同治九年夏
县丞	王广爱	山东济宁州人	廪贡	《缙绅全书》同治九年夏
复设训导	王庆善	保定人	廪贡	《缙绅全书》同治九年夏

职官	人名	籍贯	出身	出处及在职时间及在职时间
典史	陈廷杲	浙江桐乡人	监生	《缙绅全书》同治九年夏
知县	马河图	河南西华人	廪贡	《爵秩全览》同治九年秋
教谕	陈九成	保定府人	举人	《爵秩全览》同治九年秋
县丞	王广爱	山东济宁州人	廪贡	《爵秩全览》同治九年秋
复设训导	王庆善	保定人	廪贡	《爵秩全览》同治九年秋
知县加一级	马河图	河南西华人	廪贡	《缙绅全书》同治九年冬
教谕	陈九成	保定府人	举人	《缙绅全书》同治九年冬
县丞	王广爱	山东济宁州人	廪贡	《缙绅全书》同治九年冬
复设训导	王庆善	保定人	廪贡	《缙绅全书》同治九年冬

职官	人名	籍贯	出身	出处及在职时间及在职时间
典史		浙江桐乡人	监生	《缙绅全书》同治九年冬
知县加一级	马河图	河南西华人	廪贡	《缙绅全书》同治十年春
教谕	陈九成	保定府人	举人	《缙绅全书》同治十年春
县丞	王广爱	山东济宁州人	廪贡	《缙绅全书》同治十年春
复设训导	王庆善	保定人	廪贡	《缙绅全书》同治十年春
典史	陈廷杲	浙江桐乡人	监生	《缙绅全书》同治十年春
知县加一级	马河图	河南西华人	廪贡	《缙绅全书》同治十年夏
教谕	陈九成	保定府人	举人	《缙绅全书》同治十年夏
县丞	王广爱	山东济宁州人	廪贡	《缙绅全书》同治十年夏

职官	人名	籍贯	出身	出处及在职时间及在职时间
复设训导	王庆善	保定人	廪贡	《缙绅全书》同治十年夏
典史		浙江桐乡人	监生	《缙绅全书》同治十年夏
知县加一级	马河图	河南西华人	廪贡	《缙绅全书》同治十一年夏
教谕	陈九成	保定府人	举人	《缙绅全书》同治十一年夏
县丞		山东济宁州人	廪贡	《缙绅全书》同治十一年夏
复设训导	王庆善	保定人	廪贡	《缙绅全书》同治十一年夏
典史	李 灿	云南太和人	监生	《缙绅全书》同治十一年夏
知县加一级	马河图	河南西华人	廪贡	《缙绅全书》《中枢备览》同治十一年秋
教谕	陈九成	保定府人	举人	《缙绅全书》《中枢备览》同治十一年秋

职官	人名	籍贯	出身	出处及在职时间及在职时间
县丞		山东济宁州人	廪贡	《缙绅全书》《中枢备览》同治十一年秋
复设训导	王庆善	保定人	廪贡	《缙绅全书》《中枢备览》同治十一年秋
典史	李　灿	云南太和人	监生	《缙绅全书》《中枢备览》同治十一年秋
知县加一级	马河图	河南西华人	廪贡	《缙绅全书》同治十二年冬
教谕	陈九成	保定府人	举人	《缙绅全书》同治十二年冬
县丞	陆师瑗	浙江钱塘人	监生	《缙绅全书》同治十二年冬
复设训导	王庆善	保定人	廪贡	《缙绅全书》同治十二年冬
典史	李　灿	云南太和人	监生	《缙绅全书》同治十二年冬
知县加一级	马河图	河南西华人	廪贡	《缙绅全书》同治十三年春

职官	人名	籍贯	出身	出处及在职时间及在职时间
县丞	陆师瑗	浙江钱塘人	监生	《缙绅全书》同治十三年春
教谕	张文印	顺天人	廪贡	《缙绅全书》同治十三年春
复设训导	王庆善	保定人	廪贡	《缙绅全书》同治十三年春
知县	马河图	河南西华人	廪贡	《爵秩全览》同治十三年夏
县丞	陆师瑗	浙江钱塘人	监生	《爵秩全览》同治十三年夏
教谕	张文印	顺天人	廪贡	《爵秩全览》同治十三年夏
复设训导	王庆善	保定人	廪贡	《爵秩全览》同治十三年夏
知县加一级	马河图	河南西华人	廪贡	《缙绅全书》同治十三年秋
县丞	陆师瑗	浙江钱塘人	监生	《缙绅全书》同治十三年秋

职官	人名	籍贯	出身	出处及在职时间及在职时间
教谕	张文印	顺天人	廪贡	《缙绅全书》同治十三年秋
复设训导	王庆善	保定人	廪贡	《缙绅全书》同治十三年秋
典史		云南太和人	监生	《缙绅全书》同治十三年秋
知县加一级	马河图	河南西华人	廪贡	《缙绅全书》同治十三年冬
县丞	陆师瑗	浙江钱塘人	监生	《缙绅全书》同治十三年冬
教谕	张文印	顺天人	廪贡	《缙绅全书》同治十三年冬
复设训导	王庆善	保定人	廪贡	《缙绅全书》同治十三年冬
典史		云南太和人	监生	《缙绅全书》同治十三年冬
知县	马河图	河南西华人	廪贡	《爵秩全览》同治十三年冬

职官	人名	籍贯	出身	出处及在职时间及在职时间
县丞	陆师瑗	浙江钱塘人	监生	《爵秩全览》同治十三年冬
教谕	张文印	顺天人	廪贡	《爵秩全览》同治十三年冬
复设训导	王庆善	保定人	廪贡	《爵秩全览》同治十三年冬
知县加一级	马河图	河南西华人	廪贡	《缙绅全书》《中枢备览》同治十三年冬
县丞	陆师瑗	浙江钱塘人	监生	《缙绅全书》《中枢备览》同治十三年冬
教谕	张文印	顺天人	廪贡	《缙绅全书》《中枢备览》同治十三年冬
复设训导	王庆善	保定人	廪贡	《缙绅全书》《中枢备览》同治十三年冬
典史		云南太和人	监生	《缙绅全书》《中枢备览》同治十三年冬
知县	马河图	河南西华人	廪贡	《爵秩全览》光绪元年夏

职官	人名	籍贯	出身	出处及在职时间及在职时间
县丞	陆师瑗	浙江钱塘人	监生	《爵秩全览》光绪元年夏
教谕	张文印	顺天人	廪贡	《爵秩全览》光绪元年夏
复设训导	王庆善	保定人	廪贡	《爵秩全览》光绪元年夏
知县	马河图	河南西华人	廪贡	《爵秩全览》光绪元年秋
县丞	陆师瑗	浙江钱塘人	监生	《爵秩全览》光绪元年秋
教谕	张文印	顺天人	廪贡	《爵秩全览》光绪元年秋
复设训导	王庆善	保定人	廪贡	《爵秩全览》光绪元年秋
典史	杨春晖	江西安义人	监生	《爵秩全览》光绪元年秋
知县加一级	郭会昌	河南武陟人	举人	《缙绅全书》光绪二年秋

职官	人名	籍贯	出身	出处及在职时间及在职时间
县丞	陆师瑗	浙江钱塘人	监生	《缙绅全书》光绪二年秋
教谕	张保元	保定人	举人	《缙绅全书》光绪二年秋
复设训导	王庆善	保定人	廪贡	《缙绅全书》光绪二年秋
典史	杨春晖	江西安义人	监生	《缙绅全书》光绪二年秋
知县	郭会昌	河南武陟人	举人	《爵秩全览》光绪二年冬
县丞	陆师瑗	浙江钱塘人	监生	《爵秩全览》光绪二年冬
教谕	张保元	保定人	举人	《爵秩全览》光绪二年冬
复设训导	王庆善	保定人	廪贡	《爵秩全览》光绪二年冬
典史	杨春晖	江西安义人	监生	《爵秩全览》光绪二年冬

职官	人名	籍贯	出身	出处及在职时间及在职时间
知县加一级	郭会昌	河南武陟人	举人	《缙绅全书》《中枢备览》光绪三年夏
县丞	陆师瑗	浙江钱塘人	监生	《缙绅全书》《中枢备览》光绪三年夏
教谕	张保元	保定人	举人	《缙绅全书》《中枢备览》光绪三年夏
复设训导	王庆善	保定人	廪贡	《缙绅全书》《中枢备览》光绪三年夏
典史	杨春晖	江西安义人	监生	《缙绅全书》《中枢备览》光绪三年夏
知县加一级	郭会昌	河南武陟人	举人	《缙绅全书》光绪三年秋
县丞	陆师瑗	浙江钱塘人	监生	《缙绅全书》光绪三年秋
教谕	张保元	保定人	举人	《缙绅全书》光绪三年秋
复设训导	王庆善	保定人	廪贡	《缙绅全书》光绪三年秋

职官	人名	籍贯	出身	出处及在职时间及在职时间
典史	杨春晖	江西安义人	监生	《缙绅全书》光绪三年秋
知县	郭会昌	河南武陟人	举人	《爵秩全览》光绪三年冬
县丞	陆师瑗	浙江钱塘人	监生	《爵秩全览》光绪三年冬
教谕	张保元	保定人	举人	《爵秩全览》光绪三年冬
复设训导	王庆善	保定人	廪贡	《爵秩全览》光绪三年冬
典史	杨春晖	江西安义人	监生	《爵秩全览》光绪三年冬
知县加一级	郭会昌	河南武陟人	举人	《缙绅全书》《中枢备览》光绪四年秋
县丞	陆师瑗	浙江钱塘人	监生	《缙绅全书》《中枢备览》光绪四年秋
教谕	张保元	保定人	举人	《缙绅全书》《中枢备览》光绪四年秋

职官	人名	籍贯	出身	出处及在职时间及在职时间
复设训导	王庆善	保定人	廪贡	《缙绅全书》《中枢备览》光绪四年秋
典史	杨春晖	江西安义人	监生	《缙绅全书》《中枢备览》光绪四年秋
知县	郭会昌	河南武陟人	举人	《爵秩全览》光绪四年冬
县丞	陆师瑗	浙江钱塘人	监生	《爵秩全览》光绪四年冬
教谕	张保元	保定人	举人	《爵秩全览》光绪四年冬
复设训导	王庆善	保定人	廪贡	《爵秩全览》光绪四年冬
典史	杨春晖	江西安义人	监生	《爵秩全览》光绪四年冬
知县加一级	郭会昌	河南武陟人	举人	《缙绅全书》光绪五年春
县丞	陆师瑗	浙江钱塘人	监生	《缙绅全书》光绪五年春

职官	人名	籍贯	出身	出处及在职时间及在职时间
教谕	张保元	保定人	举人	《缙绅全书》光绪五年春
复设训导	王庆善	保定人	廪贡	《缙绅全书》光绪五年春
典史	杨春晖	江西安义人	监生	《缙绅全书》光绪五年春
知县加一级	郭会昌	河南武陟人	举人	《缙绅全书》光绪五年秋
县丞	陆师瑗	浙江钱塘人	监生	《缙绅全书》光绪五年秋
教谕	张保元	保定人	举人	《缙绅全书》光绪五年秋
复设训导	王庆善	保定人	廪贡	《缙绅全书》光绪五年秋
典史	杨春晖	江西安义人	监生	《缙绅全书》光绪五年秋
知县加一级	郭会昌	河南武陟人	举人	《缙绅全书》《中枢备览》光绪五年冬

职官	人名	籍贯	出身	出处及在职时间及在职时间
县丞	陆师瑗	浙江钱塘人	监生	《缙绅全书》《中枢备览》光绪五年冬
教谕	张保元	保定人	举人	《缙绅全书》《中枢备览》光绪五年冬
复设训导	王庆善	保定人	廪贡	《缙绅全书》《中枢备览》光绪五年冬
典史	杨春晖	江西安义人	监生	《缙绅全书》《中枢备览》光绪五年冬
知县加一级	郭会昌	河南武陟人	举人	《缙绅全书》光绪七年春
县丞	陆师瑗	浙江钱塘人	监生	《缙绅全书》光绪七年春
教谕	张保元	保定人	举人	《缙绅全书》光绪七年春
复设训导	王庆善	保定人	廪贡	《缙绅全书》光绪七年春
典史	杨春晖	江西安义人	监生	《缙绅全书》光绪七年春

职官	人名	籍贯	出身	出处及在职时间及在职时间
知县	林 穗	福建闽县人	进士	《爵秩全览》光绪七年冬
县丞	宋慎怀	河南武陟人	监生	《爵秩全览》光绪七年冬
教谕	张保元	保定人	举人	《爵秩全览》光绪七年冬
复设训导	王庆善	保定人	廪贡	《爵秩全览》光绪七年冬
典史	杨春晖	江西安义人	监生	《爵秩全览》光绪七年冬
知县加一级	林 穗	福建闽县人	进士	《缙绅全书》光绪七年冬
县丞	宋慎怀	河南武陟人	监生	《缙绅全书》光绪七年冬
教谕	张保元	保定人	举人	《缙绅全书》光绪七年冬
复设训导	王庆善	保定人	廪贡	《缙绅全书》光绪七年冬

职官	人名	籍贯	出身	出处及在职时间及在职时间
典史	杨春晖	江西安义人	监生	《缙绅全书》光绪七年冬
知县加一级	林 穗	福建闽县人	进士	《缙绅全书》光绪八年冬
县丞	宋慎怀	河南武陟人	监生	《缙绅全书》光绪八年冬
教谕	张保元	保定人	举人	《缙绅全书》光绪八年冬
复设训导	王庆善	保定人	廪贡	《缙绅全书》光绪八年冬
典史	杨春晖	江西安义人	监生	《缙绅全书》光绪八年冬
知县	林 穗	福建闽县人	进士	《爵秩全览》光绪十年夏
县丞	宋慎怀	河南武陟人	监生	《爵秩全览》光绪十年夏
教谕	张保元	保定人	举人	《爵秩全览》光绪十年夏

职官	人名	籍贯	出身	出处及在职时间及在职时间
复设训导	王庆善	保定人	廪贡	《爵秩全览》光绪十年夏
典史	杨春晖	江西安义人	监生	《爵秩全览》光绪十年夏
知县	林 穗	福建闽县人	进士	《爵秩全览》光绪十年秋
县丞	宋慎怀	河南武陟人	监生	《爵秩全览》光绪十年秋
教谕	张保元	保定人	举人	《爵秩全览》光绪十年秋
复设训导	王庆善	保定人	廪贡	《爵秩全览》光绪十年秋
典史	杨春晖	江西安义人	监生	《爵秩全览》光绪十年秋
知县	林 穗	福建闽县人	进士	《爵秩全览》光绪十一年春
县丞	宋慎怀	河南武陟人	监生	《爵秩全览》光绪十一年春

职官	人名	籍贯	出身	出处及在职时间及在职时间
教谕	张保元	保定人	举人	《爵秩全览》光绪十一年春
复设训导	张鈫	正定府人	举人	《爵秩全览》光绪十一年春
典史	杨春晖	江西安义人	监生	《爵秩全览》光绪十一年春
知县	林穗	福建闽县人	进士	《爵秩全览》光绪十一年夏
县丞	宋慎怀	河南武陟人	监生	《爵秩全览》光绪十一年夏
教谕	张保元	保定人	举人	《爵秩全览》光绪十一年夏
复设训导	张瀛	顺天府人	举人	《爵秩全览》光绪十一年夏
典史	杨春晖	江西安义人	监生	《爵秩全览》光绪十一年夏
知县	林穗	福建闽县人	进士	《爵秩全览》光绪十一年夏

职官	人名	籍贯	出身	出处及在职时间及在职时间
县丞	宋慎怀	河南武陟人	监生	《爵秩全览》光绪十一年夏
教谕	张保元	保定人	举人	《爵秩全览》光绪十一年夏
复设训导	张瀛	顺天府人	举人	《爵秩全览》光绪十一年夏
典史	杨春晖	江西安义人	监生	《爵秩全览》光绪十一年夏
知县	林穗	福建闽县人	进士	《爵秩全览》光绪十一年秋
县丞	宋慎怀	河南武陟人	监生	《爵秩全览》光绪十一年秋
教谕	张保元	保定人	举人	《爵秩全览》光绪十一年秋
复设训导	张瀛	顺天府人	举人	《爵秩全览》光绪十一年秋
典史	杨春晖	江西安义人	监生	《爵秩全览》光绪十一年秋

职官	人名	籍贯	出身	出处及在职时间及在职时间
知县	林　穗	福建人	进士	《爵秩全览》光绪十二年夏
县丞	宋慎怀	河南武陟人	监生	《爵秩全览》光绪十二年夏
教谕	张保元	保定府人	举人	《爵秩全览》光绪十二年夏
复设训导	张　瀛	顺天府人	举人	《爵秩全览》光绪十二年夏
典史	杨春晖	江西安义人	监生	《爵秩全览》光绪十二年夏
知县	林　穗	福建人	进士	《缙绅全书》光绪十二年秋
县丞	宋慎怀	河南武陟人	监生	《缙绅全书》光绪十二年秋
教谕	张保元	保定府人	举人	《缙绅全书》光绪十二年秋
复设训导	张　瀛	顺天府人	举人	《缙绅全书》光绪十二年秋

职官	人名	籍贯	出身	出处及在职时间及在职时间
典史	杨春晖	江西安义人	监生	《缙绅全书》光绪十二年秋
知县	林 穗	福建人	进士	《爵秩全览》光绪十三年春
县丞	宋慎怀	河南武陟人	监生	《爵秩全览》光绪十三年春
教谕	张保元	保定府人	举人	《爵秩全览》光绪十三年春
复设训导	贺澎	深州人	廪贡	《爵秩全览》光绪十三年春
典史	杨春晖	江西安义人	监生	《爵秩全览》光绪十三年春
知县	林 穗	福建人	进士	《缙绅全书》《中枢备览》光绪十三年夏
县丞	宋慎怀	河南武陟人	监生	《缙绅全书》《中枢备览》光绪十三年夏
教谕	张保元	保定府人	举人	《缙绅全书》《中枢备览》光绪十三年夏

职官	人名	籍贯	出身	出处及在职时间及在职时间
复设训导	贺 澎	深州人	廪贡	《缙绅全书》《中枢备览》光绪十三年夏
典史	杨春晖	江西安义人	监生	《缙绅全书》《中枢备览》光绪十三年夏
知县	林 穗	福建人	进士	《缙绅全书》光绪十三年冬
县丞	宋慎怀	河南武陟人	监生	《缙绅全书》光绪十三年冬
教谕	张保元	保定府人	举人	《缙绅全书》光绪十三年冬
复设训导	贺 澎	深州人	廪贡	《缙绅全书》光绪十三年冬
典史	杨春晖	江西安义人	监生	《缙绅全书》光绪十三年冬
知县	林 穗	福建人	进士	《缙绅全书》光绪十四年夏
县丞	宋慎怀	河南武陟人	监生	《缙绅全书》光绪十四年夏

职官	人名	籍贯	出身	出处及在职时间及在职时间
教谕	张保元	保定府人	举人	《缙绅全书》光绪十四年夏
复设训导	贺澎	深州人	廪贡	《缙绅全书》光绪十四年夏
典史	杨春晖	江西安义人	监生	《缙绅全书》光绪十四年夏
知县	林穗	福建人	进士	《爵秩全览》光绪十四年冬
县丞	宋慎怀	河南武陟人	监生	《爵秩全览》光绪十四年冬
教谕	张保元	保定府人	举人	《爵秩全览》光绪十四年冬
复设训导	贺澎	深州人	廪贡	《爵秩全览》光绪十四年冬
典史	杨春晖	江西安义人	监生	《爵秩全览》光绪十四年冬
知县	林穗	福建人	进士	《爵秩全览》光绪十五年夏

职官	人名	籍贯	出身	出处及在职时间及在职时间
县丞	宋慎怀	河南武陟人	监生	《爵秩全览》光绪十五年夏
教谕	张保元	保定府人	举人	《爵秩全览》光绪十五年夏
复设训导	贺澎	深州人	廪贡	《爵秩全览》光绪十五年夏
典史	杨春晖	江西安义人	监生	《爵秩全览》光绪十五年夏
知县	林穗	福建人	进士	《爵秩全览》光绪十五年秋
教谕	张保元	保定府人	举人	《爵秩全览》光绪十五年秋
复设训导	贺澎	深州人	廪贡	《爵秩全览》光绪十五年秋
典史	杨春晖	江西安义人	监生	《爵秩全览》光绪十五年秋
知县	林穗	福建闽县人	进士	《爵秩全览》光绪十五年冬

职官	人名	籍贯	出身	出处及在职时间及在职时间
教谕	张保元	保定府人	举人	《爵秩全览》光绪十五年冬
复设训导	贺澎	深州人	廪贡	《爵秩全览》光绪十五年冬
典史	杨春晖	江西安义县人	监生	《爵秩全览》光绪十五年冬
知县	林穗	福建闽县人	进士	《缙绅全书》光绪十六年春
教谕	张保元	保定府人	举人	《缙绅全书》光绪十六年春
县丞	许文宝	河南丙黄人	监生	《缙绅全书》光绪十六年春
复设训导	贺澎	深州人	廪贡	《缙绅全书》光绪十六年春
典史	杨春晖	江西安义县人	监生	《缙绅全书》光绪十六年春
知县	林穗	福建闽县人	进士	《缙绅全书》光绪十六年冬

职官	人名	籍贯	出身	出处及在职时间及在职时间
教谕	张保元	保定府人	举人	《缙绅全书》光绪十六年冬
县丞	许文宝	河南丙黄人	监生	《缙绅全书》光绪十六年冬
复设训导	贺澎	深州人	廪贡	《缙绅全书》光绪十六年冬
典史	杨春晖	江西安义县人	监生	《缙绅全书》光绪十六年冬
知县	王蕙兰	山东长清县人	进士	《爵秩全览》光绪十八年春
教谕	张保元	保定府人	举人	《爵秩全览》光绪十八年春
县丞	许文宝	河南丙黄人	监生	《爵秩全览》光绪十八年春
复设训导	贺澎	深州人	廪贡	《爵秩全览》光绪十八年春
典史	章平封	浙江山阴县人	吏员	《爵秩全览》光绪十八年春

职官	人名	籍贯	出身	出处及在职时间及在职时间
知县	王蕙兰	山东长清县人	进士	《爵秩全览》光绪十八年秋
教谕	张保元	保定府人	举人	《爵秩全览》光绪十八年秋
县丞	许文宝	河南丙黄人	监生	《爵秩全览》光绪十八年秋
复设训导	贺澎	深州人	廪贡	《爵秩全览》光绪十八年秋
典史	章平封	浙江山阴县人	吏员	《爵秩全览》光绪十八年秋
知县	王蕙兰	山东长清县人	进士	《爵秩全览》光绪十八年冬
教谕	张保元	保定府人	举人	《爵秩全览》光绪十八年冬
县丞	许文宝	河南丙黄人	监生	《爵秩全览》光绪十八年冬
复设训导	贺澎	深州人	廪贡	《爵秩全览》光绪十八年冬

职官	人名	籍贯	出身	出处及在职时间及在职时间
典史	章平封	浙江山阴县人	吏员	《爵秩全览》光绪十八年冬
知县	王蕙兰	山东长清县人	进士	《缙绅全书》光绪十九年春
教谕	张保元	保定府人	举人	《缙绅全书》光绪十九年春
县丞	许文宝	河南丙黄人	监生	《缙绅全书》光绪十九年春
复设训导	贺 澎	深州人	廪贡	《缙绅全书》光绪十九年春
典史	章平封	浙江山阴县人	吏员	《缙绅全书》光绪十九年春
知县	王蕙兰	山东长清县人	进士	《爵秩全览》光绪十九年夏
教谕	张保元	保定府人	举人	《爵秩全览》光绪十九年夏
县丞	许文宝	河南丙黄人	监生	《爵秩全览》光绪十九年夏

职官	人名	籍贯	出身	出处及在职时间及在职时间
复设训导	贺 澎	深州人	廪贡	《爵秩全览》光绪十九年夏
典史	章平封	浙江山阴县人	吏员	《爵秩全览》光绪十九年夏
知县	王蕙兰	山东长清人	进士	《爵秩全览》光绪十九年秋
县丞	许文宝	河南丙黄人	监生	《爵秩全览》光绪十九年秋
教谕	张保元	保定府人	举人	《爵秩全览》光绪十九年秋
典史	章平封	浙江山阴人	吏员	《爵秩全览》光绪十九年秋
复设训导	贺 澎	深州人	廪贡	《爵秩全览》光绪十九年秋
知县	王蕙兰	山东长清人		《缙绅全书》光绪十九年冬
县丞	许文宝	河南丙黄人	监生	《缙绅全书》光绪十九年冬

职官	人名	籍贯	出身	出处及在职时间及在职时间
教谕	张保元	保定人	举人	《缙绅全书》光绪十九年冬
典史	章平封	浙江山阴人	吏员	《缙绅全书》光绪十九年冬
复设训导	贺 澎	深州人	廪贡	《缙绅全书》光绪十九年冬
知县	王蕙兰	山东长清人	进士	《爵秩全览》光绪十九年冬
县丞	许文宝	河南丙黄人	监生	《爵秩全览》光绪十九年冬
教谕	张保元	保定府人	举人	《爵秩全览》光绪十九年冬
典史	章平封	浙江山阴人	吏员	《爵秩全览》光绪十九年冬
复设训导	贺 澎	深州人	廪贡	《爵秩全览》光绪十九年冬
知县	王蕙兰	山东长清人		《缙绅全书》《中枢备览》光绪二十年夏

职官	人名	籍贯	出身	出处及在职时间及在职时间
县丞	多 仁	蒙古正蓝旗人	监生	《缙绅全书》《中枢备览》光绪二十年夏
教谕	张保元	保定人	举人	《缙绅全书》《中枢备览》光绪二十年夏
典史	章平封	浙江山阴人	吏员	《缙绅全书》《中枢备览》光绪二十年夏
复设训导	贺 澎	深州人	廪贡	《缙绅全书》《中枢备览》光绪二十年夏
知县	王蕙兰	山东长清人	进士	《爵秩全览》光绪二十年秋
县丞	多 仁	蒙古正蓝旗人	监生	《爵秩全览》光绪二十年秋
教谕	张保元	保定府人	举人	《爵秩全览》光绪二十年秋
典史	章平封	浙江山阴人	吏员	《爵秩全览》光绪二十年秋
复设训导	贺 澎	深州人	廪贡	《爵秩全览》光绪二十年秋

职官	人名	籍贯	出身	出处及在职时间及在职时间
知县	王蕙兰	山东长清人	进士	《爵秩全览》光绪二十一年春
县丞	多 仁	蒙古正蓝旗人	监生	《爵秩全览》光绪二十一年春
教谕	张保元	保定府人	举人	《爵秩全览》光绪二十一年春
典史	章平封	浙江山阴人	吏员	《爵秩全览》光绪二十一年春
复设训导	贺 澎	深州人	廪贡	《爵秩全览》光绪二十一年春
知县	王蕙兰	山东长清人	进士	《爵秩全览》光绪二十一年夏
县丞	多 仁	蒙古正蓝旗人	监生	《爵秩全览》光绪二十一年夏
教谕	张保元	保定府人	举人	《爵秩全览》光绪二十一年夏
典史	章平封	浙江山阴人	吏员	《爵秩全览》光绪二十一年夏

职官	人名	籍贯	出身	出处及在职时间及在职时间
复设训导	贺 澎	深州人	廪贡	《爵秩全览》光绪二十一年夏
知县	王蕙兰	山东长清人	进士	《爵秩全览》光绪二十一年秋
县丞	多 仁	蒙古正蓝旗人	监生	《爵秩全览》光绪二十一年秋
教谕	张保元	保定府人	举人	《爵秩全览》光绪二十一年秋
典史	章平封	浙江山阴人	吏员	《爵秩全览》光绪二十一年秋
复设训导	贺 澎	深州人	廪贡	《爵秩全览》光绪二十一年秋
知县	王蕙兰	山东长清人	进士	《缙绅全书》光绪二十一年冬
县丞	多 仁	蒙古正蓝旗人	监生	《缙绅全书》光绪二十一年冬
教谕	张保元	保定人	举人	《缙绅全书》光绪二十一年冬

职官	人名	籍贯	出身	出处及在职时间及在职时间
典史	章平封	浙江山阴人	吏员	《缙绅全书》光绪二十一年冬
复设训导	贺澎	深州人	廪贡	《缙绅全书》光绪二十一年冬
知县	王蕙兰	山东长清人	进士	《爵秩全览》光绪二十二年春
县丞	多仁	蒙古正蓝旗人	监生	《爵秩全览》光绪二十二年春
教谕	张保元	保定府人	举人	《爵秩全览》光绪二十二年春
典史	章平封	浙江山阴人	吏员	《爵秩全览》光绪二十二年春
复设训导	贺澎	深州人	廪贡	《爵秩全览》光绪二十二年春
知县	王蕙兰	山东长清人		《缙绅全书》光绪二十二年春
县丞	多仁	蒙古正蓝旗人	监生	《缙绅全书》光绪二十二年春

职官	人名	籍贯	出身	出处及在职时间及在职时间
教谕	张保元	保定人	举人	《缙绅全书》光绪二十二年春
典史	章平封	浙江山阴人	吏员	《缙绅全书》光绪二十二年春
复设训导	贺澎	深州人	廪贡	《缙绅全书》光绪二十二年春
知县	王蕙兰	山东长清人	进士	《爵秩全览》光绪二十二年夏
县丞	多仁	蒙古正蓝旗人	监生	《爵秩全览》光绪二十二年夏
教谕	张保元	保定府人	举人	《爵秩全览》光绪二十二年夏
典史	章平封	浙江山阴人	吏员	《爵秩全览》光绪二十二年夏
复设训导	贺澎	深州人	廪贡	《爵秩全览》光绪二十二年夏
知县	王蕙兰	山东长清人	进士	《爵秩全览》光绪二十二年秋

职官	人名	籍贯	出身	出处及在职时间及在职时间
县丞	多 仁	蒙古正蓝旗人	监生	《爵秩全览》光绪二十二年秋
教谕	张保元	保定府人	举人	《爵秩全览》光绪二十二年秋
典史	章平封	浙江山阴人	吏员	《爵秩全览》光绪二十二年秋
复设训导	贺 澎	深州人	廪贡	《爵秩全览》光绪二十二年秋
知县	王蕙兰	山东长清人	进士	《爵秩全览》光绪二十二年冬
县丞	多 仁	蒙古正蓝旗人	监生	《爵秩全览》光绪二十二年冬
教谕	张保元	保定府人	举人	《爵秩全览》光绪二十二年冬
典史	章平封	浙江山阴人	吏员	《爵秩全览》光绪二十二年冬
复设训导	贺 澎	深州人	廪贡	《爵秩全览》光绪二十二年冬

职官	人名	籍贯	出身	出处及在职时间及在职时间
知县	王蕙兰	山东长清人	进士	《爵秩全览》光绪二十三年夏
县丞	多 仁	蒙古正蓝旗人	监生	《爵秩全览》光绪二十三年夏
教谕	张保元	保定府人	举人	《爵秩全览》光绪二十三年夏
典史	章平封	浙江山阴人	吏员	《爵秩全览》光绪二十三年夏
复设训导	贺 澎	深州人	廪贡	《爵秩全览》光绪二十三年夏
知县	王蕙兰	山东长清人		《缙绅全书》《中枢备览》光绪二十三年秋
县丞	多 仁	蒙古正蓝旗人	监生	《缙绅全书》《中枢备览》光绪二十三年秋
教谕	张保元	保定人	举人	《缙绅全书》《中枢备览》光绪二十三年秋
典史	章平封	浙江山阴人	吏员	《缙绅全书》《中枢备览》光绪二十三年秋

职官	人名	籍贯	出身	出处及在职时间及在职时间
复设训导	贺 澎	深州人	廪贡	《缙绅全书》《中枢备览》光绪二十三年秋
知县	王蕙兰	山东长青人	进士	《爵秩全览》光绪二十三年冬
县丞	多 仁	蒙古正蓝旗人	监生	《爵秩全览》光绪二十三年冬
教谕	张保元	保定府人	监生	《爵秩全览》光绪二十三年冬
复设训导	贺 澎	深州人	廪贡	《爵秩全览》光绪二十三年冬
典史	章平封	浙江山阴人	吏员	《爵秩全览》光绪二十三年冬
知县	王蕙兰	山东长青人	进士	《爵秩全览》光绪二十四年春
县丞	多 仁	蒙古正蓝旗人	监生	《爵秩全览》光绪二十四年春
教谕	张保元	保定府人	监生	《爵秩全览》光绪二十四年春

职官	人名	籍贯	出身	出处及在职时间及在职时间
复设训导	贺 澎	深州人	廪贡	《爵秩全览》光绪二十四年春
典史	章平封	浙江山阴人	吏员	《爵秩全览》光绪二十四年春
知县	王蕙兰	山东长青人	进士	《爵秩全览》光绪二十四年秋
县丞	多 仁	蒙古正蓝旗人	监生	《爵秩全览》光绪二十四年秋
教谕	张保元	保定府人	监生	《爵秩全览》光绪二十四年秋
复设训导	贺 澎	深州人	廪贡	《爵秩全览》光绪二十四年秋
典史	章平封	浙江山阴人	吏员	《爵秩全览》光绪二十四年秋
知县	王蕙兰	山东长青人	进士	《爵秩全览》光绪二十四年冬
县丞	多 仁	蒙古正蓝旗人	监生	《爵秩全览》光绪二十四年冬

职官	人名	籍贯	出身	出处及在职时间及在职时间
教谕	张保元	保定府人	监生	《爵秩全览》光绪二十四年冬
复设训导	贺 澎	深州人	廪贡	《爵秩全览》光绪二十四年冬
典史	章平封	浙江山阴人	吏员	《爵秩全览》光绪二十四年冬
知县	王蕙兰	山东长青人	进士	《缙绅全书》光绪二十四年冬
县丞	多 仁	蒙古正蓝旗人	监生	《缙绅全书》光绪二十四年冬
教谕	张保元	保定府人	监生	《缙绅全书》光绪二十四年冬
复设训导	贺 澎	深州人	廪贡	《缙绅全书》光绪二十四年冬
典史	章平封	浙江山阴人	吏员	《缙绅全书》光绪二十四年冬
知县	王蕙兰	山东长青人	进士	《爵秩全览》光绪二十五年春

职官	人名	籍贯	出身	出处及在职时间及在职时间
县丞	多　仁	蒙古正蓝旗人	监生	《爵秩全览》光绪二十五年春
教谕	张保元	保定府人	监生	《爵秩全览》光绪二十五年春
复设训导	贺　澎	深州人	廪贡	《爵秩全览》光绪二十五年春
典史	章平封	浙江山阴人	吏员	《爵秩全览》光绪二十五年春
知县	王蕙兰	山东长青人	进士	《缙绅全书》《中枢备览》光绪二十五年春
县丞	多　仁	蒙古正蓝旗人	监生	《缙绅全书》《中枢备览》光绪二十五年春
教谕	张保元	保定府人	监生	《缙绅全书》《中枢备览》光绪二十五年春
复设训导	贺　澎	深州人	廪贡	《缙绅全书》《中枢备览》光绪二十五年春
典史	章平封	浙江山阴人	吏员	《缙绅全书》《中枢备览》光绪二十五年春

职官	人名	籍贯	出身	出处及在职时间及在职时间
知县	王蕙兰	山东长青人	进士	《爵秩全览》光绪二十五年夏
县丞	多 仁	蒙古正蓝旗人	监生	《爵秩全览》光绪二十五年夏
教谕	张保元	保定府人	监生	《爵秩全览》光绪二十五年夏
复设训导	贺 澎	深州人	廪贡	《爵秩全览》光绪二十五年夏
典史	章平封	浙江山阴人	吏员	《爵秩全览》光绪二十五年夏
知县	王蕙兰	山东长清县人	进士	《缙绅全书》光绪二十五年夏
教谕	徐维域	天津人	举人	《缙绅全书》光绪二十五年夏
县丞	多 仁	蒙古正蓝旗人	监生	《缙绅全书》光绪二十五年夏
复设训导	贺 澎	深州人	廪贡	《缙绅全书》光绪二十五年夏

职官	人名	籍贯	出身	出处及在职时间及在职时间
典史	章平封	浙江山阴县人	吏员	《缙绅全书》光绪二十五年夏
知县	王蕙兰	山东长清县人	进士	《爵秩全览》光绪二十五年秋
教谕	徐维域	天津人	举人	《爵秩全览》光绪二十五年秋
县丞	多 仁	蒙古正蓝旗人	监生	《爵秩全览》光绪二十五年秋
复设训导	贺 澎	深州人	廪贡	《爵秩全览》光绪二十五年秋
典史	章平封	浙江山阴县人	吏员	《爵秩全览》光绪二十五年秋
知县	王蕙兰	山东长清县人	进士	《缙绅全书》《中枢备览》光绪二十五年冬
教谕	徐维域	天津人	举人	《缙绅全书》《中枢备览》光绪二十五年冬
县丞	多 仁	蒙古正蓝旗人	监生	《缙绅全书》《中枢备览》光绪二十五年冬

职官	人名	籍贯	出身	出处及在职时间及在职时间
复设训导	贺 澎	深州人	廪贡	《缙绅全书》《中枢备览》光绪二十五年冬
典史	章平封	浙江山阴县人	吏员	《缙绅全书》《中枢备览》光绪二十五年冬
知县	王蕙兰	山东长清县人	进士	《缙绅全书》《中枢备览》光绪二十六年春
教谕	徐维域	天津人	举人	《缙绅全书》《中枢备览》光绪二十六年春
县丞	多 仁	蒙古正蓝旗人	监生	《缙绅全书》《中枢备览》光绪二十六年春
复设训导	贺 澎	深州人	廪贡	《缙绅全书》《中枢备览》光绪二十六年春
典史	章平封	浙江山阴县人	吏员	《缙绅全书》《中枢备览》光绪二十六年春
知县	王蕙兰	山东长清县人	进士	《缙绅全书》光绪二十六年夏
教谕	徐维域	天津人	举人	《缙绅全书》光绪二十六年夏

职官	人名	籍贯	出身	出处及在职时间及在职时间
县丞	多 仁	蒙古正蓝旗人	监生	《缙绅全书》光绪二十六年夏
复设训导	贺 澎	深州人	廪贡	《缙绅全书》光绪二十六年夏
典史	章平封	浙江山阴县人	吏员	《缙绅全书》光绪二十六年夏
知县	王蕙兰	山东长清县人	进士	《爵秩全览》光绪二十六年秋
教谕	徐维域	天津人	举人	《爵秩全览》光绪二十六年秋
县丞	多 仁	蒙古正蓝旗人	监生	《爵秩全览》光绪二十六年秋
复设训导	贺 澎	深州人	廪贡	《爵秩全览》光绪二十六年秋
典史	章平封	浙江山阴县人	吏员	《爵秩全览》光绪二十六年秋
知县	王蕙兰	山东长清县人	进士	《缙绅全书》光绪二十七年春

职官	人名	籍贯	出身	出处及在职时间及在职时间
教谕	徐维域	天津人	举人	《缙绅全书》光绪二十七年春
县丞	多 仁	蒙古正蓝旗人	监生	《缙绅全书》光绪二十七年春
复设训导	贺 澎	深州人	廪贡	《缙绅全书》光绪二十七年春
典史	章平封	浙江山阴县人	吏员	《缙绅全书》光绪二十七年春
知县	王蕙兰	山东长清县人	进士	《爵秩全览》光绪二十七年冬
教谕	徐维域	天津人	举人	《爵秩全览》光绪二十七年冬
县丞	多 仁	蒙古正蓝旗人	监生	《爵秩全览》光绪二十七年冬
复设训导	贺 澎	深州人	廪贡	《爵秩全览》光绪二十七年冬
典史	章平封	浙江山阴县人	吏员	《爵秩全览》光绪二十七年冬

职官	人名	籍贯	出身	出处及在职时间及在职时间
知县	王蕙兰	山东长清人		《缙绅全书》《中枢备览》光绪二十七年冬
县丞	多 仁	蒙古正蓝旗人	监生	《缙绅全书》《中枢备览》光绪二十七年冬
教谕	徐维域	天津人	举人	《缙绅全书》《中枢备览》光绪二十七年冬
复设训导	贺 澎	深州人	廪贡	《缙绅全书》《中枢备览》光绪二十七年冬
典史	章平封	浙江山阴人	吏员	《缙绅全书》《中枢备览》光绪二十七年冬
任丘汛千总	张德裕	直隶人	行伍	《缙绅全书》《中枢备览》光绪二十七年冬
知县	王蕙兰	山东长清人		《爵秩全览》光绪二十八年春
县丞	多 仁	蒙古正蓝旗人	监生	《爵秩全览》光绪二十八年春
教谕	徐维域	天津人	举人	《爵秩全览》光绪二十八年春

职官	人名	籍贯	出身	出处及在职时间及在职时间
复设训导	贺 澎	深州人	廪贡	《爵秩全览》光绪二十八年春
典史	章平封	浙江山阴人	吏员	《爵秩全览》光绪二十八年春
知县	王蕙兰	山东长清人		《缙绅全书》《中枢备览》《爵秩全览》光绪二十八年夏
县丞	多 仁	蒙古正蓝旗人	监生	《缙绅全书》《中枢备览》《爵秩全览》光绪二十八年夏
教谕	徐维域	天津人	举人	《缙绅全书》《中枢备览》《爵秩全览》光绪二十八年夏
复设训导	赵 墀	赵州人	附贡	《缙绅全书》《中枢备览》《爵秩全览》光绪二十八年夏
典史	章平封	浙江山阴人	吏员	《缙绅全书》《中枢备览》《爵秩全览》光绪二十八年夏
任丘汛千总	张德裕	直隶人	行伍	《缙绅全书》《中枢备览》《爵秩全览》光绪二十八年夏
知县	王蕙兰	山东长清人		《爵秩全览》光绪二十八年秋

职官	人名	籍贯	出身	出处及在职时间及在职时间
县丞	多　仁	蒙古正蓝旗人	监生	《爵秩全览》光绪二十八年秋
教谕	徐维域	天津人	举人	《爵秩全览》光绪二十八年秋
复设训导	赵　墀	赵州人	附贡	《爵秩全览》光绪二十八年秋
典史	章平封	浙江山阴人	吏员	《爵秩全览》光绪二十八年秋
任丘汛千总	张德裕	直隶人	行伍	《缙绅全书》《中枢备览》光绪二十八年秋
知县	王蕙兰	山东长清人		《缙绅全书》《中枢备览》光绪二十八年冬
县丞	多仁	蒙古正蓝旗人	监生	《缙绅全书》《中枢备览》光绪二十八年冬
教谕	徐维域	天津人	举人	《缙绅全书》《中枢备览》光绪二十八年冬
复设训导	赵　墀	赵州人	附贡	《缙绅全书》《中枢备览》光绪二十八年冬

职官	人名	籍贯	出身	出处及在职时间及在职时间
典史	章平封	浙江山阴人	吏员	《缙绅全书》《中枢备览》光绪二十八年冬
任丘汛千总	张德裕	直隶人	行伍	《缙绅全书》《中枢备览》光绪二十八年冬
知县	王蕙兰	山东长清人		《爵秩全览》光绪二十九年春
教谕	徐维域	天津人	举人	《爵秩全览》光绪二十九年春
复设训导	赵墀	赵州人	附贡	《爵秩全览》光绪二十九年春
典史	章平封	浙江山阴人	吏员	《爵秩全览》光绪二十九年春
知县	王蕙兰	山东长清人		《缙绅全书》《中枢备览》光绪二十九年春
县丞	王广益	浙江山阴人	监生	《缙绅全书》《中枢备览》光绪二十九年春
教谕	徐维域	天津人	举人	《缙绅全书》《中枢备览》光绪二十九年春

职官	人名	籍贯	出身	出处及在职时间及在职时间
复设训导	赵墀	赵州人	附贡	《缙绅全书》《中枢备览》光绪二十九年春
典史	章平封	浙江山阴人	吏员	《缙绅全书》《中枢备览》光绪二十九年春
任丘汛千总	张德裕	直隶人	行伍	《缙绅全书》《中枢备览》光绪二十九年春
知县	王蕙兰	山东长清人		《缙绅全书》光绪二十九年夏
县丞	王广益	浙江山阴人	监生	《缙绅全书》光绪二十九年夏
教谕	徐维域	天津人	举人	《缙绅全书》光绪二十九年夏
复设训导	赵墀	赵州人	附贡	《缙绅全书》光绪二十九年夏
典史	章平封	浙江山阴人	吏员	《缙绅全书》光绪二十九年夏
知县	张道源	安徽合肥县人	监生	《爵秩全览》光绪二十九年秋

职官	人名	籍贯	出身	出处及在职时间及在职时间
县丞	王广益	浙江山阴人	监生	《爵秩全览》光绪二十九年秋
教谕	徐维域	天津人	举人	《爵秩全览》光绪二十九年秋
复设训导	赵墀	赵州人	附贡	《爵秩全览》光绪二十九年秋
典史	章平封	浙江山阴人	吏员	《爵秩全览》光绪二十九年秋
知县	王蕙兰	山东长清人		《缙绅全书》《中枢备览》光绪二十九年秋
县丞	王广益	浙江山阴人	监生	《缙绅全书》《中枢备览》光绪二十九年秋
教谕	徐维域	天津人	举人	《缙绅全书》《中枢备览》光绪二十九年秋
复设训导	赵墀	赵州人	附贡	《缙绅全书》《中枢备览》光绪二十九年秋
典史	章平封	浙江山阴人	吏员	《缙绅全书》《中枢备览》光绪二十九年秋

职官	人名	籍贯	出身	出处及在职时间及在职时间
任丘汛千总	张德裕	直隶人	行伍	《缙绅全书》《中枢备览》光绪二十九年秋
知县	周期億	陕西泾阳人		《缙绅全书》《中枢备览》光绪二十九年冬
县丞	王广益	浙江山阴人	监生	《缙绅全书》《中枢备览》光绪二十九年冬
教谕	徐维域	天津人	举人	《缙绅全书》《中枢备览》光绪二十九年冬
复设训导	赵 墀	赵州人	附贡	《缙绅全书》《中枢备览》光绪二十九年冬
典史	章平封	浙江山阴人	吏员	《缙绅全书》《中枢备览》光绪二十九年冬
任丘汛千总	张德裕	直隶人	行伍	《缙绅全书》《中枢备览》光绪二十九年冬
知县	周期億	陕西泾阳人		《缙绅全书》《中枢备览》光绪三十年春
县丞	王广益	浙江山阴人	监生	《缙绅全书》《中枢备览》光绪三十年春

职官	人名	籍贯	出身	出处及在职时间及在职时间
教谕	徐维域	天津人	举人	《缙绅全书》《中枢备览》光绪三十年春
复设训导	赵墀	赵州人	附贡	《缙绅全书》《中枢备览》光绪三十年春
典史	章平封	浙江山阴人	吏员	《缙绅全书》《中枢备览》光绪三十年春
任丘汛千总	张德裕	直隶人	行伍	《缙绅全书》《中枢备览》光绪三十年春
知县	周期億	陕西泾阳人		《爵秩全览》光绪三十年春
县丞	王广益	浙江山阴人	监生	《爵秩全览》光绪三十年春
教谕	徐维域	天津人	举人	《爵秩全览》光绪三十年春
复设训导	赵墀	赵州人	附贡	《爵秩全览》光绪三十年春
典史	章平封	浙江山阴人	吏员	《爵秩全览》光绪三十年春

职官	人名	籍贯	出身	出处及在职时间及在职时间
知县	周期億	陕西泾阳人		《缙绅全书》《中枢备览》光绪三十年春
县丞	王广益	浙江山阴人	监生	《缙绅全书》《中枢备览》光绪三十年春
教谕	徐维域	天津人	举人	《缙绅全书》《中枢备览》光绪三十年春
复设训导	赵 墀	赵州人	附贡	《缙绅全书》《中枢备览》光绪三十年春
典史	章平封	浙江山阴人	吏员	《缙绅全书》《中枢备览》光绪三十年春
任丘汛千总	张德裕	直隶人	行伍	《缙绅全书》《中枢备览》光绪三十年春
知县	凌洪才	江西万年人		《缙绅全书》光绪三十年冬
县丞	王广益	浙江山阴人	监生	《缙绅全书》光绪三十年冬
教谕	徐维域	天津人	举人	《缙绅全书》光绪三十年冬

职官	人名	籍贯	出身	出处及在职时间及在职时间
复设训导	赵 墀	赵州人	附贡	《缙绅全书》光绪三十年冬
典史	章平封	浙江山阴人	吏员	《缙绅全书》光绪三十年冬
知县	凌洪才	江西万年人		《缙绅全书》《中枢备览》光绪三十一年春
教谕	徐维域	天津人	举人	《缙绅全书》《中枢备览》光绪三十一年春
县丞	王广益	浙江山阴人	监生	《缙绅全书》《中枢备览》光绪三十一年春
复设训导	赵 墀	赵州人	附贡	《缙绅全书》《中枢备览》光绪三十一年春
典史	章平封	浙江山阴县人	吏员	《缙绅全书》《中枢备览》光绪三十一年春
知县	凌洪才	江西万年人		《爵秩全览》光绪三十一年夏

职官	人名	籍贯	出身	出处及在职时间及在职时间
教谕	徐维域	天津人	举人	《爵秩全览》光绪三十一年夏
县丞	王广益	浙江山阴人	监生	《爵秩全览》光绪三十一年夏
复设训导	阎宝田	冀州人	附贡	《爵秩全览》光绪三十一年夏
典史	章平封	浙江山阴县人	吏员	《爵秩全览》光绪三十一年夏
知县	凌洪才	江西万年人		《缙绅全书》《中枢备览》光绪三十一年夏
教谕	徐维域	天津人	举人	《缙绅全书》《中枢备览》光绪三十一年夏
县丞	王广益	浙江山阴人	监生	《缙绅全书》《中枢备览》光绪三十一年夏
复设训导	阎宝田	冀州人	附贡	《缙绅全书》《中枢备览》光绪三十一年夏

职官	人名	籍贯	出身	出处及在职时间及在职时间
典史	章平封	浙江山阴县人	吏员	《缙绅全书》《中枢备览》光绪三十一年夏
知县	凌洪才	江西万年人		《爵秩全览》光绪三十一年秋
教谕	徐维域	天津人	举人	《爵秩全览》光绪三十一年秋
县丞	王广益	浙江山阴人	监生	《爵秩全览》光绪三十一年秋
复设训导	阎宝田	冀州人	附贡	《爵秩全览》光绪三十一年秋
典史	章平封	浙江山阴县人	吏员	《爵秩全览》光绪三十一年秋
教谕	徐维域	天津人	举人	《爵秩全览》光绪三十一年冬
县丞	王广益	浙江山阴人	监生	《爵秩全览》光绪三十一年冬

职官	人名	籍贯	出身	出处及在职时间及在职时间
复设训导	阎宝田	冀州人	附贡	《爵秩全览》光绪三十一年冬
典史	章平封	浙江山阴县人	吏员	《爵秩全览》光绪三十一年冬
教谕	徐维域	天津人	举人	《爵秩全览》光绪三十二年春
县丞	王广益	浙江山阴人	监生	《爵秩全览》光绪三十二年春
复设训导	阎宝田	冀州人	附贡	《爵秩全览》光绪三十二年春
典史	章平封	浙江山阴县人	吏员	《爵秩全览》光绪三十二年春
教谕	徐维域	天津人	举人	《缙绅全书》《中枢备览》光绪三十二年春
县丞	王广益	浙江山阴人	监生	《缙绅全书》《中枢备览》光绪三十二年春

职官	人名	籍贯	出身	出处及在职时间及在职时间
复设训导	阎宝田	冀州人	附贡	《缙绅全书》《中枢备览》光绪三十二年春
典史	章平封	浙江山阴县人	吏员	《缙绅全书》《中枢备览》光绪三十二年春
知县	胡商彝	云南石屏州人	进士	《缙绅全书》光绪三十二年夏
教谕	徐维域	天津人	举人	《缙绅全书》光绪三十二年夏
县丞	王广益	浙江山阴人	监生	《缙绅全书》光绪三十二年夏
复设训导	阎宝田	冀州人	附贡	《缙绅全书》光绪三十二年夏
典史	章平封	浙江山阴县人	吏员	《缙绅全书》光绪三十二年夏
知县	胡商彝	云南石屏州人	进士	《缙绅全书》光绪三十二年秋

职官	人名	籍贯	出身	出处及在职时间及在职时间
教谕	徐维域	天津人	举人	《缙绅全书》光绪三十二年秋
县丞	王广益	浙江山阴人	监生	《缙绅全书》光绪三十二年秋
复设训导	阎宝田	冀州人	附贡	《缙绅全书》光绪三十二年秋
典史	章平封	浙江山阴县人	吏员	《缙绅全书》光绪三十二年秋
知县	胡商彝	云南石屏州人	进士	《缙绅全书》光绪三十二年冬
教谕	徐维域	天津人	举人	《缙绅全书》光绪三十二年冬
县丞	王广益	浙江山阴人	监生	《缙绅全书》光绪三十二年冬
复设训导	阎宝田	冀州人	附贡	《缙绅全书》光绪三十二年冬

职官	人名	籍贯	出身	出处及在职时间及在职时间
典史	章平封	浙江山阴县人	吏员	《缙绅全书》光绪三十二年冬
知县	胡商彝	云南石屏州人	进士	《爵秩全览》光绪三十二年冬
教谕	徐维域	天津人	举人	《爵秩全览》光绪三十二年冬
县丞	王广益	浙江山阴人	监生	《爵秩全览》光绪三十二年冬
复设训导	阎宝田	冀州人	附贡	《爵秩全览》光绪三十二年冬
典史	章平封	浙江山阴县人	吏员	《爵秩全览》光绪三十二年冬
知县	胡商彝	云南石屏州人	进士	《爵秩全览》光绪三十三年春
教谕	徐维域	天津人	举人	《爵秩全览》光绪三十三年春

职官	人名	籍贯	出身	出处及在职时间及在职时间
县丞	王广益	浙江山阴人	监生	《爵秩全览》光绪三十三年春
复设训导	阎宝田	冀州人	附贡	《爵秩全览》光绪三十三年春
典史	章平封	浙江山阴县人	吏员	《爵秩全览》光绪三十三年春
知县	胡商彝	云南石屏州人		《缙绅全书》《中枢备览》光绪三十三年夏
县丞	王广益	浙江山阴人	监生	《缙绅全书》《中枢备览》光绪三十三年夏
教谕	徐维域	天津人	举人	《缙绅全书》《中枢备览》光绪三十三年夏
复设训导	阎宝田	冀州人	附贡	《缙绅全书》《中枢备览》光绪三十三年夏
典史	章平封	浙江山阴人	吏员	《缙绅全书》《中枢备览》光绪三十三年夏

职官	人名	籍贯	出身	出处及在职时间及在职时间
知县	胡商彝	云南人	进士	《爵秩全览》光绪三十三年秋
县丞	王广益	浙江山阴人	监生	《爵秩全览》光绪三十三年秋
教谕	徐维域	天津府人	举人	《爵秩全览》光绪三十三年秋
复设训导	阎宝田	冀州人	附贡	《爵秩全览》光绪三十三年秋
典史	章平封	浙江山阴人	吏员	《爵秩全览》光绪三十三年秋
知县	胡商彝	云南石屏州人	进士	《爵秩全览》光绪三十三年冬
县丞	王广益	浙江山阴人	监生	《爵秩全览》光绪三十三年冬
教谕	徐维域	天津府人	举人	《爵秩全览》光绪三十三年冬

职官	人名	籍贯	出身	出处及在职时间及在职时间
复设训导	阎宝田	冀州人	附贡	《爵秩全览》光绪三十三年冬
典史	章平封	浙江山阴人	吏员	《爵秩全览》光绪三十三年冬
知县	胡商彝	云南石屏州人	进士	《爵秩全览》最新百官录 光绪三十四年春
县丞	程启鹏	四川铜梁人	监生	《爵秩全览》光绪三十四年春
教谕	徐维域	天津府人	举人	《爵秩全览》光绪三十四年春
复设训导	阎宝田	冀州人	附贡	《爵秩全览》光绪三十四年春
典史	章平封	浙江山阴人	吏员	《爵秩全览》最新百官录 光绪三十四年春
县丞	王广益	浙江山阴人		《最新百官绿》光绪三十四年春

职官	人名	籍贯	出身	出处及在职时间及在职时间
知县	胡商彝	云南人	进士	《爵秩全览》光绪三十四年夏
县丞	程启鹏	四川铜梁人	监生	《爵秩全览》光绪三十四年夏
教谕	徐维域	天津府人	举人	《爵秩全览》光绪三十四年夏
复设训导	阎宝田	冀州人	附贡	《爵秩全览》光绪三十四年夏
典史	章平封	浙江山阴人	吏员	《爵秩全览》光绪三十四年夏
知县	胡商彝	云南人	进士	《爵秩全览》光绪三十四年秋
县丞	程启鹏	四川铜梁人	监生	《爵秩全览》光绪三十四年秋
教谕	徐维域	天津府人	举人	《爵秩全览》光绪三十四年秋

职官	人名	籍贯	出身	出处及在职时间及在职时间
复设训导	阎宝田	冀州人	附贡	《爵秩全览》光绪三十四年秋
典史	章平封	浙江山阴人	吏员	《爵秩全览》光绪三十四年秋
知县	胡商彝	云南人	进士	《爵秩全览》光绪三十四年冬
县丞	程启鹏	四川铜梁人	监生	《爵秩全览》光绪三十四年冬
教谕	徐维域	天津府人	举人	《爵秩全览》光绪三十四年冬
复设训导	阎宝田	冀州人	附贡	《爵秩全览》光绪三十四年冬
典史	章平封	浙江山阴人	吏员	《爵秩全览》光绪三十四年冬
知县	胡商彝	云南人	进士	《爵秩全览》宣统元年春

职官	人名	籍贯	出身	出处及在职时间及在职时间
县丞	程启鹏	四川铜梁人	监生	《爵秩全览》宣统元年春
教谕	徐维域	天津府人	举人	《爵秩全览》宣统元年春
复设训导	阎宝田	冀州人	附贡	《爵秩全览》宣统元年春
典史	章平封	浙江山阴人	吏员	《爵秩全览》宣统元年春
知县	胡商彝	云南人	进士	《爵秩全览》宣统元年夏
县丞	程启鹏	四川铜梁人	监生	《爵秩全览》宣统元年夏
教谕	徐维域	天津府人	举人	《爵秩全览》宣统元年夏
复设训导	阎宝田	冀州人	附贡	《爵秩全览》宣统元年夏

职官	人名	籍贯	出身	出处及在职时间及在职时间
典史	章平封	浙江山阴人	吏员	《爵秩全览》宣统元年夏
知县	胡商彝	云南人	进士	《爵秩全览》宣统元年秋
县丞	程启鹏	四川铜梁人	监生	《爵秩全览》宣统元年秋
教谕	徐维域	天津府人	举人	《爵秩全览》宣统元年秋
复设训导	阎宝田	冀州人	附贡	《爵秩全览》宣统元年秋
典史	章平封	浙江山阴人	吏员	《爵秩全览》宣统元年秋
县丞	程启鹏	四川铜梁人	监生	《爵秩全览》宣统元年冬
教谕	徐维域	天津府人	举人	《爵秩全览》宣统元年冬

职官	人名	籍贯	出身	出处及在职时间及在职时间
复设训导	阎宝田	冀州人	附贡	《爵秩全览》宣统元年冬
典史	章平封	浙江山阴人	吏员	《爵秩全览》宣统元年冬
县丞	程启鹏	四川铜梁人	监生	《缙绅全书》宣统元年冬
教谕	徐维域	天津人	举人	《缙绅全书》宣统元年冬
复设训导	阎宝田	冀州人	附贡	《缙绅全书》宣统元年冬
典史	章平封	浙江山阴人	吏员	《缙绅全书》宣统元年冬
知县	怡　钦	蒙古正白旗人	生员	《爵秩全览》宣统二年春
县丞	程启鹏	四川铜梁人	监生	《爵秩全览》宣统二年春

职官	人名	籍贯	出身	出处及在职时间及在职时间
教谕	徐维域	天津人	举人	《爵秩全览》宣统二年春
复设训导	阎宝田	冀州人	附贡	《爵秩全览》宣统二年春
典史	章平封	浙江山阴人	吏员	《爵秩全览》宣统二年春
知县	怡　钦	蒙古正白旗人	生员	《爵秩全览》宣统二年夏
县丞	程启鹏	四川铜梁人	监生	《爵秩全览》宣统二年夏
教谕	徐维域	天津人	举人	《爵秩全览》宣统二年夏
复设训导	阎宝田	冀州人	附贡	《爵秩全览》宣统二年夏
典史	章平封	浙江山阴人	吏员	《爵秩全览》宣统二年夏

职官	人名	籍贯	出身	出处及在职时间及在职时间
知县	怡 钦	蒙古正白旗人	生员	《爵秩全览》宣统二年秋
县丞	程启鹏	四川铜梁人	监生	《爵秩全览》宣统二年秋
教谕	徐维域	天津人	举人	《爵秩全览》宣统二年秋
复设训导	阎宝田	冀州人	附贡	《爵秩全览》宣统二年秋
典史	章平封	浙江山阴人	吏员	《爵秩全览》宣统二年秋
知县	怡 钦	蒙古正白旗人	生员	《爵秩全览》宣统二年冬
县丞	程启鹏	四川铜梁人	监生	《爵秩全览》宣统二年冬
教谕	阎宝田	冀州人	附贡	《爵秩全览》宣统二年冬

职官	人名	籍贯	出身	出处及在职时间及在职时间
典史	章平封	浙江山阴人	吏员	《爵秩全览》宣统二年冬
县丞	程启鹏	四川铜梁人	监生	《爵秩全览》宣统三年春
训导	阎宝田	冀州人	附贡	《爵秩全览》宣统三年春
典史	章平封	浙江山阴人	吏员	《爵秩全览》宣统三年春
知县	仵　墉	陕西蒲城人	进士	《爵秩全览》宣统三年夏
县丞	程启鹏	四川铜梁人	监生	《爵秩全览》宣统三年夏
教谕	阎宝田	冀州人	附贡	《爵秩全览》宣统三年夏
知县	仵　墉	陕西蒲城人	进士	《爵秩全览》宣统三年秋

职官	人名	籍贯	出身	出处及在职时间及在职时间
县丞	程启鹏	四川铜梁人	监生	《爵秩全览》宣统三年秋
教谕	阎宝田	冀州人	附贡	《爵秩全览》宣统三年秋
典史	董 桂	甘肃人	廪生	《爵秩全览》宣统三年秋
知县	仵 墉	陕西蒲城人	进士	《职官录》宣统三年冬
县丞	程启鹏	四川铜梁人	监生	《职官录》宣统三年冬
教谕	阎宝田	冀州人	附贡	《职官录》宣统三年冬
典史	董 桂	甘肃人	廪生	《职官录》宣统三年冬
知县	仵 墉	陕西蒲城人	进士	《职官录》宣统四年春

职官	人名	籍贯	出身	出处及在职时间及在职时间
县丞	丁惟棠	山东日照人	附生	《职官录》宣统四年春
教谕	阎宝田	冀州人	附贡	《职官录》宣统四年春
典史	董 桂	甘肃人	廪生	《职官录》宣统四年春

清代任丘职官类表

主　簿

职官	人名	籍贯	出身	出处及在职时间及在职时间
主簿	刘清标	镶红旗汉军		《乾隆任丘县志》康熙三十七年
主簿	郑良佐	武功人	监生	《乾隆任丘县志》康熙四十年
主簿	满家彦	江宁人	吏员	《乾隆任丘县志》康熙四十七年
主簿	郭大域	山西人	监生	《乾隆任丘县志》康熙五十五年
主簿	吴　修	山阴人	监生	《乾隆任丘县志》康熙六十年
主簿	荆锡畴	丹阳人	监生	《乾隆任丘县志》雍正九年
主簿	唐　纲	歙县人	监生	《乾隆任丘县志》雍正十三年

职官	人名	籍贯	出身	出处及在职时间及在职时间
主簿	李　晟	山阴人	监生	《乾隆任丘县志》乾隆元年
主簿	金廷端	嘉兴人	监生	《乾隆任丘县志》乾隆二年
主簿	高自伟	宁晋人	秀监	《乾隆任丘县志》乾隆五年
主簿	周嘉露	会稽人	监生	《乾隆任丘县志》乾隆十三年
主簿	倪英锦			《乾隆任丘县志》乾隆十六年
主簿	徐炳文	山阴人	阁供	《乾隆任丘县志》乾隆十八年
主簿	敖　焕	无锡人	监生	《乾隆任丘县志》乾隆十九年
主簿	杨龙翔	历城人	监生	《乾隆任丘县志》乾隆二十一年
主簿	周世沄	杭州人	监生	《乾隆任丘县志》乾隆二十六年

职官	人名	籍贯	出身	出处及在职时间及在职时间
主簿	刘 懋			《道光任丘县志》乾隆三十二年
主簿	蒋廷瓒	吴县人	监生	《道光任丘县志》乾隆四十九年
主簿	徐士模	大兴人	监生	《道光任丘县志》乾隆五十一年
主簿	姚祖善	钱塘人	监生	《道光任丘县志》乾隆五十二年
主簿	郑以简	如皋人	监生	《道光任丘县志》乾隆五十三年
主簿	韩穀仁	长洲人	监生	《道光任丘县志》乾隆五十六年
主簿	张乐昌	山阴人	监生	《道光任丘县志》乾隆五十九年
主簿	薛介廷	雒南人	廪贡	《道光任丘县志》嘉庆元年
主簿	黄 斑	桐城人	监生	《道光任丘县志》嘉庆元年

职官	人名	籍贯	出身	出处及在职时间及在职时间
主簿	聂 恭	新淦人	监生	《道光任丘县志》嘉庆七年
主簿	孔昭诚	曲阜人	监生	《道光任丘县志》嘉庆八年
主簿	李廷珍	历城人	监生	《道光任丘县志》嘉庆九年
主簿	希世绂	太湖厅人	吏员	《道光任丘县志》嘉庆十五年
主簿	范清浈	介休人	监生	《道光任丘县志》嘉庆十五年
主簿	汪 钧	钱塘人	监生	《道光任丘县志》嘉庆十六年
主簿	宝廷炳	无锡人	监生	《道光任丘县志》嘉庆十七年
主簿	刘 芬	单县人	监生	《道光任丘县志》嘉庆十九年
主簿	蔡 政	阳湖人	吏员	《道光任丘县志》道光三年

职官	人名	籍贯	出身	出处及在职时间及在职时间
主簿	杨荣藻	海宁州人	监生	《道光任丘县志》道光四年
主簿	徐敦义	德清人	监生	《道光任丘县志》道光五年
主簿	甘长安	古田人	举人	《道光任丘县志》道光六年
主簿	张瀛	萧县人	监生	《道光任丘县志》道光八年
主簿	姜承耀	钱塘人	监生	《道光任丘县志》道光九年
主簿	许奎	闽县人	监生	《道光任丘县志》道光十一年

知县加一级

职官	人名	籍贯	出身	出处及在职时间及在职时间
知县加一级	刘统	甘肃武威人	拔贡	《缙绅全书》乾隆三十年春

职官	人名	籍贯	出身	出处及在职时间及在职时间
知县加一级	陈圣进	广西平乐人		《爵秩全本》乾隆三十年冬
知县加一级	嵇承孟	江苏无锡人	保举	《缙绅全书》《中枢备览》乾隆四十二年秋
知县加一级	吴大受	浙江钱塘人	监生	《缙绅全书》《中枢备览》乾隆五十三年春
知县加一级	续俱扬	山西崞县人	举人	《缙绅全书》嘉庆元年春
知县加一级	续俱扬	山西崞县人	举人	《缙绅全书》嘉庆二年冬
知县加一级	陈元芳	云南罗平州人		《缙绅全书》嘉庆九年春
知县加一级	陈元芳	云南罗平州人		《缙绅全书》《中枢备览》嘉庆十一年春
知县加一级	庄咏	山东莒州人		《缙绅全书》嘉庆十七年秋
知县加一级	邵楠	浙江山阴人	监生	《缙绅全书》嘉庆二十一年冬

职官	人名	籍贯	出身	出处及在职时间及在职时间
知县加一级	李寿春	山东利津人	拔贡	《缙绅全书》嘉庆二十二年春
知县加一级	李寿春	山东利津人	拔贡	《缙绅全书》（小）嘉庆二十二年冬
知县加一级	邵 楠	浙江山阴人	监生	《缙绅全书》嘉庆二十五年夏
知县加一级		四川富顺人	举人	《缙绅全书》《中枢备览》道光四年夏
知县加一级	康锡新	陕西城固人		《缙绅全书》道光七年春
知县加一级	康锡新	陕西城固人		《缙绅全书》道光十年冬
知县加一级	吴斯壁	广西滕县人	优贡	《缙绅全书》《中枢备览》道光十三年夏
知县加一级	吴斯壁	广西滕县人	优贡	《缙绅全书》道光十四年春
知县加一级	吴斯壁	广西滕县人	优贡	《缙绅全书》道光十四年夏

职官	人名	籍贯	出身	出处及在职时间及在职时间
知县加一级	鲍承熹	浙江仁和人	进士	《缙绅全书》《中枢备览》道光十六年夏
知县加一级	鲍承熹	浙江仁和人	进士	《缙绅全书》道光十六年秋
知县加一级	鲍承熹	浙江仁和人	进士	《缙绅全书》《中枢备览》道光十六年冬
知县加一级	鲍承熹	浙江仁和人	进士	《缙绅全书》道光十七年秋
知县加一级	鲍承熹	浙江仁和人	进士	《缙绅全书》道光十八年夏
知县加一级	伊铿额	满洲厢红旗人		《缙绅全书》道光二十年秋
知县加一级	伊铿额	满洲厢红旗人		《缙绅全书》道光二十年冬
知县加一级	伊铿额	满洲旗人		《缙绅全书》《中枢备览》道光二十二年春
知县加一级	伊铿额	满洲旗人		《缙绅全书》道光二十二年冬

职官	人名	籍贯	出身	出处及在职时间及在职时间
知县加一级	伊铿额	满洲旗人		《缙绅全书》道光二十五年夏
知县加一级	伊铿额	满洲旗人		《缙绅全书》道光二十五年秋
知县加一级	伊铿额	满洲旗人		《缙绅全书》道光二十七年夏
知县加一级	伊铿额	满洲旗人		《缙绅全书》道光二十七年秋
知县加一级	伊铿锷	满洲正红旗人	举人	《缙绅全书》道光二十八年冬
知县加一级	伊铿锷	满洲厢红旗人	举人	《缙绅全书》道光二十九年夏
知县加一级	方汝翊	安徽桐城人	举人	《缙绅全书》咸丰三年夏
知县加一级	伊铿锷	满洲厢红旗人	举人	《缙绅全书》咸丰四年春
知县加一级	方汝翊	安徽桐城人	举人	《缙绅全书》咸丰六年春

职官	人名	籍贯	出身	出处及在职时间及在职时间
知县加一级	祥 瑞	蒙古厢蓝旗人	监生	《缙绅全书》咸丰八年冬
知县加一级	祥 瑞	蒙古厢蓝旗人	监生	《缙绅全书》咸丰九年夏
知县加一级	刘松龄	山东济阳人	进士	《缙绅全书》同治四年夏
知县加一级	郑 沂	山西阳曲人		《缙绅全书》同治六年春
知县加一级		山西阳曲人		《缙绅全书》同治八年冬
知县加一级	马河图	河南西华人	廪贡	《缙绅全书》同治九年夏
知县加一级	马河图	河南西华人	廪贡	《缙绅全书》同治九年冬
知县加一级	马河图	河南西华人	廪贡	《缙绅全书》同治十年春

职官	人名	籍贯	出身	出处及在职时间及在职时间
知县加一级	马河图	河南西华人	廪贡	《缙绅全书》同治十年夏
知县加一级	马河图	河南西华人	廪贡	《缙绅全书》同治十一年夏
知县加一级	马河图	河南西华人	廪贡	《缙绅全书》《中枢备览》同治十一年秋
知县加一级	马河图	河南西华人	廪贡	《缙绅全书》同治十二年冬
知县加一级	马河图	河南西华人	廪贡	《缙绅全书》同治十三年春
知县加一级	马河图	河南西华人	廪贡	《缙绅全书》同治十三年秋
知县加一级	马河图	河南西华人	廪贡	《缙绅全书》同治十三年冬
知县加一级	马河图	河南西华人	廪贡	《缙绅全书》《中枢备览》同治十三年冬

职官	人名	籍贯	出身	出处及在职时间及在职时间
知县加一级	郭会昌	河南武陟人	举人	《缙绅全书》光绪二年秋
知县加一级	郭会昌	河南武陟人	举人	《缙绅全书》《中枢备览》光绪三年夏
知县加一级	郭会昌	河南武陟人	举人	《缙绅全书》光绪三年秋
知县加一级	郭会昌	河南武陟人	举人	《缙绅全书》《中枢备览》光绪四年秋
知县加一级	郭会昌	河南武陟人	举人	《缙绅全书》光绪五年春
知县加一级	郭会昌	河南武陟人	举人	《缙绅全书》光绪五年秋
知县加一级	郭会昌	河南武陟人	举人	《缙绅全书》《中枢备览》光绪五年冬
知县加一级	郭会昌	河南武陟人	举人	《缙绅全书》光绪七年春
知县加一级	林 穗	福建闽县人	进士	《缙绅全书》光绪七年冬

职官	人名	籍贯	出身	出处及在职时间及在职时间
知县加一级	林 穗	福建闽县人	进士	《缙绅全书》光绪八年冬

知 县

职官	人名	籍贯	出身	出处及在职时间及在职时间
知县	吴祖修	江南武进人		《缙绅新书》乾隆十三年春
知县	刘 统	甘肃武威人	拔贡	《缙绅全本》乾隆二十五年冬
知县	刘 统	甘肃武威人	拔贡	《缙绅全本》乾隆二十六年秋
知县	商 衡	浙江会稽人	进士	《爵秩全本》乾隆三十三年秋
知县	续俱扬	山西崞县人	举人	《缙绅全书》嘉庆三年秋
知县	续俱扬	山西崞县人	举人	《缙绅全书》嘉庆三年冬

职官	人名	籍贯	出身	出处及在职时间及在职时间
知县	陈元芳	云南罗平州人		《缙绅全书》《道光任丘县志》嘉庆五年冬
知县	陈元芳	云南罗平州人		《缙绅全书》嘉庆十一年夏
知县	唐锡新	陕西城固人	举人	《爵秩全览》道光六年秋
知县	鲍承煮	浙江仁和人	进士	《缙绅全书》《爵秩全览》道光十九年夏
知县	伊铿额	满洲厢红旗人		《爵秩全览》道光二十六年
知县	伊铿锷	满洲厢红旗人	举人	《爵秩全览》道光二十八年夏
知县	伊铿锷	满洲厢红旗人	举人	《爵秩全览》咸丰元年夏
知县	方汝翊	安徽定远人	举人	《缙绅全书》咸丰四年
知县	方汝翊	安徽定远人	举人	《爵秩全览》咸丰六年春

职官	人名	籍贯	出身	出处及在职时间及在职时间
知县	祥 瑞	蒙古厢蓝旗人	监生	《爵秩全览》咸丰六年夏
知县	祥 瑞	蒙古厢蓝旗人	监生	《爵秩全览》咸丰七年秋
知县	祥 瑞	蒙古厢蓝旗人	监生	《爵秩全览》咸丰七年冬
知县		山东人	监生	《缙绅全书》咸丰十年秋
知县		山东人	监生	《缙绅全书》咸丰十年
知县	郑 沂	山西阳曲人		《缙绅全书》同治五年春
知县	郑 沂	山西阳曲人		《爵秩全览》同治六年春
知县	郑 沂	山西阳曲人		《缙绅全书》同治六年秋
知县	郑 沂	山西阳曲人		《缙绅全书》同治八年春

职官	人名	籍贯	出身	出处及在职时间及在职时间
知县	马河图	河南西华人	廪贡	《爵秩全览》同治九年春
知县	马河图	河南西华人	廪贡	《爵秩全览》同治九年秋
知县	马河图	河南西华人	廪贡	《爵秩全览》同治十三年夏
知县	马河图	河南西华人	廪贡	《爵秩全览》同治十三年冬
知县	马河图	河南西华人	廪贡	《爵秩全览》光绪元年夏
知县	马河图	河南西华人	廪贡	《爵秩全览》光绪元年秋
知县	郭会昌	河南武陟人	举人	《爵秩全览》光绪二年冬
知县	郭会昌	河南武陟人	举人	《爵秩全览》光绪三年冬
知县	郭会昌	河南武陟人	举人	《爵秩全览》光绪四年冬

职官	人名	籍贯	出身	出处及在职时间及在职时间
知县	林　穗	福建闽县人	进士	《爵秩全览》光绪七年冬
知县	林　穗	福建闽县人	进士	《爵秩全览》光绪十年夏
知县	林　穗	福建闽县人	进士	《爵秩全览》光绪十年秋
知县	林　穗	福建闽县人	进士	《爵秩全览》光绪十一年春
知县	林　穗	福建闽县人	进士	《爵秩全览》光绪十一年夏
知县	林　穗	福建闽县人	进士	《爵秩全览》光绪十一年夏
知县	林　穗	福建闽县人	进士	《爵秩全览》光绪十一年秋
知县	林　穗	福建人	进士	《爵秩全览》光绪十二年夏
知县	林　穗	福建人	进士	《缙绅全书》光绪十二年秋

职官	人名	籍贯	出身	出处及在职时间及在职时间
知县	林 穗	福建人	进士	《爵秩全览》光绪十三年春
知县	林 穗	福建人	进士	《缙绅全书》《中枢备览》光绪十三年夏
知县	林 穗	福建人	进士	《缙绅全书》光绪十三年冬
知县	林 穗	福建人	进士	《缙绅全书》光绪十四年夏
知县	林 穗	福建人	进士	《爵秩全览》光绪十四年冬
知县	林 穗	福建人	进士	《爵秩全览》光绪十五年夏
知县	林 穗	福建人	进士	《爵秩全览》光绪十五年秋
知县	林 穗	福建闽县人	进士	《爵秩全览》光绪十五年冬

职官	人名	籍贯	出身	出处及在职时间及在职时间
知县	林 穗	福建闽县人	进士	《缙绅全书》光绪十六年春
知县	林 穗	福建闽县人	进士	《缙绅全书》光绪十六年冬
知县	王蕙兰	山东长清县人	进士	《爵秩全览》光绪十八年春
知县	王蕙兰	山东长清县人	进士	《爵秩全览》光绪十八年秋
知县	王蕙兰	山东长清县人	进士	《爵秩全览》光绪十八年冬
知县	王蕙兰	山东长清县人	进士	《缙绅全书》光绪十九年春
知县	王蕙兰	山东长清县人	进士	《爵秩全览》光绪十九年夏
知县	王蕙兰	山东长清人	进士	《爵秩全览》光绪十九年秋

职官	人名	籍贯	出身	出处及在职时间及在职时间
知县	王蕙兰	山东长清人		《缙绅全书》光绪十九年冬
知县	王蕙兰	山东长清人	进士	《爵秩全览》光绪十九年冬
知县	王蕙兰	山东长清人		《缙绅全书》《中枢备览》光绪二十年夏
知县	王蕙兰	山东长清人	进士	《爵秩全览》光绪二十年秋
知县	王蕙兰	山东长清人	进士	《爵秩全览》光绪二十一年春
知县	王蕙兰	山东长清人	进士	《爵秩全览》光绪二十一年夏
知县	王蕙兰	山东长清人	进士	《爵秩全览》光绪二十一年秋
知县	王蕙兰	山东长清人	进士	《缙绅全书》光绪二十一年冬

职官	人名	籍贯	出身	出处及在职时间及在职时间
知县	王蕙兰	山东长清人	进士	《爵秩全览》光绪二十二年春
知县	王蕙兰	山东长清人		《缙绅全书》光绪二十二年春
知县	王蕙兰	山东长清人	进士	《爵秩全览》光绪二十二年夏
知县	王蕙兰	山东长清人	进士	《爵秩全览》光绪二十二年秋
知县	王蕙兰	山东长清人	进士	《爵秩全览》光绪二十二年冬
知县	王蕙兰	山东长清人	进士	《爵秩全览》光绪二十三年夏
知县	王蕙兰	山东长清人		《缙绅全书》《中枢备览》光绪二十三年秋
知县	王蕙兰	山东长青人	进士	《爵秩全览》光绪二十三年冬

职官	人名	籍贯	出身	出处及在职时间及在职时间
知县	王蕙兰	山东长青人	进士	《爵秩全览》光绪二十四年春
知县	王蕙兰	山东长青人	进士	《爵秩全览》光绪二十四年秋
知县	王蕙兰	山东长青人	进士	《爵秩全览》光绪二十四年冬
知县	王蕙兰	山东长青人	进士	《缙绅全书》光绪二十四年冬
知县	王蕙兰	山东长青人	进士	《爵秩全览》光绪二十五年春
知县	王蕙兰	山东长青人	进士	《缙绅全书》《中枢备览》光绪二十五年春
知县	王蕙兰	山东长青人	进士	《爵秩全览》光绪二十五年夏
知县	王蕙兰	山东长清县人	进士	《缙绅全书》光绪二十五年夏

职官	人名	籍贯	出身	出处及在职时间及在职时间
知县	王蕙兰	山东长清县人	进士	《爵秩全览》光绪二十五年秋
知县	王蕙兰	山东长清县人	进士	《缙绅全书》《中枢备览》光绪二十五年冬
知县	王蕙兰	山东长清县人	进士	《缙绅全书》《中枢备览》光绪二十六年春
知县	王蕙兰	山东长清县人	进士	《缙绅全书》光绪二十六年夏
知县	王蕙兰	山东长清县人	进士	《爵秩全览》光绪二十六年秋
知县	王蕙兰	山东长清县人	进士	《缙绅全书》光绪二十七年春
知县	王蕙兰	山东长清县人	进士	《爵秩全览》光绪二十七年冬
知县	王蕙兰	山东长清人		《缙绅全书》《中枢备览》光绪二十七年冬

职官	人名	籍贯	出身	出处及在职时间及在职时间
知县	王蕙兰	山东长清人		《爵秩全览》光绪二十八年春
知县	王蕙兰	山东长清人		《缙绅全书》《中枢备览》光绪二十八年夏 《爵秩全览》
知县	王蕙兰	山东长清人		《爵秩全览》光绪二十八年秋
知县	王蕙兰	山东长清人		《缙绅全书》《中枢备览》光绪二十八年冬
知县	王蕙兰	山东长清人		《爵秩全览》光绪二十九年春
知县	王蕙兰	山东长清人		《缙绅全书》《中枢备览》光绪二十九年春
知县	王蕙兰	山东长清人		《缙绅全书》光绪二十九年夏
知县	张道源	安徽合肥县人	监生	《爵秩全览》光绪二十九年秋

职官	人名	籍贯	出身	出处及在职时间及在职时间
知县	王蕙兰	山东长清人		《缙绅全书》《中枢备览》光绪二十九年秋
知县	周期億	陕西泾阳人		《缙绅全书》《中枢备览》光绪二十九年冬
知县	周期億	陕西泾阳人		《缙绅全书》《中枢备览》光绪三十年春
知县	周期億	陕西泾阳人		《爵秩全览》光绪三十年春
知县	周期億	陕西泾阳人		《缙绅全书》《中枢备览》光绪三十年春
知县	凌洪才	江西万年人		《缙绅全书》光绪三十年冬
知县	凌洪才	江西万年人		《缙绅全书》《中枢备览》光绪三十一年春
知县	凌洪才	江西万年人		《爵秩全览》光绪三十一年夏

职官	人名	籍贯	出身	出处及在职时间及在职时间
知县	凌洪才	江西万年人		《缙绅全书》《中枢备览》光绪三十一年夏
知县	凌洪才	江西万年人		《爵秩全览》光绪三十一年秋
知县	胡商彝	云南石屏州人	进士	《缙绅全书》光绪三十二年夏
知县	胡商彝	云南石屏州人	进士	《缙绅全书》光绪三十二年秋
知县	胡商彝	云南石屏州人	进士	《缙绅全书》光绪三十二年冬
知县	胡商彝	云南石屏州人	进士	《爵秩全览》光绪三十二年冬
知县	胡商彝	云南石屏州人	进士	《爵秩全览》光绪三十三年春
知县	胡商彝	云南石屏州人		《缙绅全书》《中枢备览》光绪三十三年夏

职官	人名	籍贯	出身	出处及在职时间及在职时间
知县	胡商彝	云南石屏州人	进士	《爵秩全览》光绪三十三年秋
知县	胡商彝	云南石屏州人	进士	《爵秩全览》光绪三十三年冬
知县	胡商彝	云南石屏州人	进士	《爵秩全览》最新百官录 光绪三十四年春
知县	胡商彝	云南石屏州人	进士	《爵秩全览》光绪三十四年夏
知县	胡商彝	云南石屏州人	进士	《爵秩全览》光绪三十四年秋
知县	胡商彝	云南石屏州人	进士	《爵秩全览》光绪三十四年冬
知县	胡商彝	云南石屏州人	进士	《爵秩全览》宣统元年春
知县	胡商彝	云南石屏州人	进士	《爵秩全览》宣统元年夏

职官	人名	籍贯	出身	出处及在职时间及在职时间
知县	胡商彝	云南人	进士	《爵秩全览》宣统元年秋
知县	怡 钦	蒙古正白旗人	生员	《爵秩全览》宣统二年春
知县	怡 钦	蒙古正白旗人	生员	《爵秩全览》宣统二年夏
知县	怡 钦	蒙古正白旗人	生员	《爵秩全览》宣统二年秋
知县	怡 钦	蒙古正白旗人	生员	《爵秩全览》宣统二年冬
知县	仵 墉	陕西蒲城人	进士	《爵秩全览》宣统三年夏
知县	仵 墉	陕西蒲城人	进士	《爵秩全览》宣统三年秋
知县	仵 墉	陕西蒲城人	进士	《职官录》宣统三年冬

职官	人名	籍贯	出身	出处及在职时间及在职时间
知县	仵墉	陕西蒲城人	进士	《职官录》宣统四年春

驿 丞

职官	人名	籍贯	出身	出处及在职时间及在职时间
驿丞	臧承恩			《乾隆任丘县志》顺治元年
驿丞	何廷元			《乾隆任丘县志》顺治二年
驿丞	姚承明	浙江人		《乾隆任丘县志》顺治三年
驿丞	王廷盛	西安人		《乾隆任丘县志》康熙五年
驿丞	车开元		吏员	《乾隆任丘县志》康熙十二年

职官	人名	籍贯	出身	出处及在职时间及在职时间
驿丞	赵又怀	山西人		《乾隆任丘县志》雍正元年

训 导

职官	人名	籍贯	出身	出处及在职时间
训导	刘延龄	山海关人	贡士	《乾隆任丘县志》顺治元年
训导	秦有容		贡士	《乾隆任丘县志》顺治元年
训导	李新开		贡士	《乾隆任丘县志》顺治元年
训导	蒋先裕	怀柔人	贡士	《乾隆任丘县志》顺治元年
训导	姬宏基	安州人	贡士	《乾隆任丘县志》顺治十六年

职官	人名	籍贯	出身	出处及在职时间及在职时间
训导	杨九鼎	武清人	岁贡	《乾隆任丘县志》康熙十八年
训导	刘栻	高阳人	贡士	《乾隆任丘县志》康熙二十七年
训导	雷元正	通州人	岁贡	《乾隆任丘县志》康熙四十四年
训导	范焕	涿州人	贡士	《乾隆任丘县志》康熙五十八年
训导	孙继美	辽阳人	贡士	《乾隆任丘县志》雍正四年
训导	马一骥	奉天人	贡士	《乾隆任丘县志》雍正九年
训导	杨钟恒	长垣人	贡士	《乾隆任丘县志》乾隆元年
训导	邵宁远	大兴人	贡生	《乾隆任丘县志》乾隆二年

职官	人名	籍贯	出身	出处及在职时间及在职时间
训导	杨元起	宛平人	贡生	《乾隆任丘县志》乾隆九年
训导	董时宪	遵化人	贡生	《乾隆任丘县志》乾隆十四年
训导	邵自华	大兴人	举人	《道光任丘县志》乾隆三十九年
训导	郭子瞻	武强人	举人	《道光任丘县志》乾隆六十年
训导	张文伟	大兴人	贡士	《道光任丘县志》乾隆年间
训导	李缜	迁安人	廪贡	《道光任丘县志》
训导	陈沐	抚宁人	举人	《道光任丘县志》嘉庆四年
训导	王作樸	丰润人	举人	《道光任丘县志》嘉庆七年
训导	孟宏德	延庆人	贡士	《道光任丘县志》嘉庆十二年

职官	人名	籍贯	出身	出处及在职时间及在职时间
训导	马烜	青县人	贡士	《道光任丘县志》嘉庆十三年
训导	牛广士	静海人	举人	《道光任丘县志》嘉庆十四年
训导	蔡基	通州人	贡士	《道光任丘县志》嘉庆二十年
训导	陈九成	保定人	举人	《缙绅全书》咸丰八年冬
训导	陈九成	保定人	举人	《缙绅全书》咸丰九年夏
训导	阎宝田	冀州人	附贡	《爵秩全览》宣统三年春

县尉典史

职官	人名	籍贯	出身	出处及在职时间及在职时间
县尉典史	马明骏			《乾隆任丘县志》顺治元年

职官	人名	籍贯	出身	出处及在职时间及在职时间
县尉典史	陈安国			《乾隆任丘县志》顺治二年
县尉典史	章 谦			《乾隆任丘县志》顺治三年
县尉典史	童世荣			《乾隆任丘县志》顺治七年
县尉典史	吴 晋			《乾隆任丘县志》康熙五年
县尉典史	陈复新	山西人		《乾隆任丘县志》康熙九年
县尉典史	鲁 炜	山阴人		《乾隆任丘县志》康熙十一年
县尉典史	田 秀		吏员	《乾隆任丘县志》康熙十二年
县尉典史	董功聊	陕西人	吏员	《乾隆任丘县志》康熙十二年
县尉典史	陈一瑞	金华人		《乾隆任丘县志》康熙三十年

职官	人名	籍贯	出身	出处及在职时间及在职时间
县尉典史	张廷达		吏员	《乾隆任丘县志》康熙四十七年
县尉典史	戎箴	鄞县人		《乾隆任丘县志》康熙五十四年
县尉典史	薛伟			《乾隆任丘县志》雍正元年
县尉典史	柯有茹	歙县人	阁供	《乾隆任丘县志》雍正六年
县尉典史	马重	山东人		《乾隆任丘县志》雍正九年
县尉典史	陈载德			《乾隆任丘县志》雍正十年
县尉典史	蔡名元			《乾隆任丘县志》雍正十一年
县尉典史	戴延祺	江西人	吏员	《乾隆任丘县志》雍正十三年
县尉典史	张文英	崇庆人	吏员	《乾隆任丘县志》乾隆元年

职官	人名	籍贯	出身	出处及在职时间及在职时间
县尉典史	吴惟忠	桐城人	阁供	《乾隆任丘县志》乾隆三年
县尉典史	鲍裕光	青阳人	天文生	《乾隆任丘县志》乾隆三年
县尉典史	赖修	福建人	监生	《乾隆任丘县志》乾隆九年
县尉典史	高志	贵池人	吏员	《乾隆任丘县志》乾隆十年
县尉典史	倪英锦	崇庆人	吏员	《乾隆任丘县志》乾隆十四年
县尉典史	朱礼	衡阳人	吏员	《乾隆任丘县志》乾隆十六年
县尉典史	逯天鑑	长清人	吏员	《乾隆任丘县志》乾隆十六年
县尉典史	蒋梅	都匀人	吏员	《乾隆任丘县志》乾隆十六年
县尉典史	方金城	仁和人	监生	《乾隆任丘县志》乾隆二十三年

职官	人名	籍贯	出身	出处及在职时间及在职时间
县尉典史	高自得	青州人	吏员	《乾隆任丘县志》乾隆二十三年

县　令

职官	人名	籍贯	出身	出处及在职时间及在职时间
县令	赵　焕	密云人	贡士	《乾隆任丘县志》顺治元年
县令	徐　淳	辽东人		《乾隆任丘县志》顺治二年
县令	方　策	辽东人		《乾隆任丘县志》顺治三年
县令	王思治	辽东人		《乾隆任丘县志》顺治七年
县令	翁年奕	余姚人		《乾隆任丘县志》顺治十二年
县令	吴　琮	江夏人	贡士	《乾隆任丘县志》康熙元年

职官	人名	籍贯	出身	出处及在职时间及在职时间
县令	杨州彦	当阳人	进士	《乾隆任丘县志》康熙五年
县令	胥琬	山东人	进士	《乾隆任丘县志》康熙九年
县令	刘日光	绛州人	举人	《乾隆任丘县志》康熙十一年
县令	姚原沩	嘉兴人	进士	《乾隆任丘县志》康熙十二年
县令	邓文源	江夏人	举人	《乾隆任丘县志》康熙二十二年
县令	许毓芳	宜兴人	副榜	《乾隆任丘县志》康熙三十年
县令	沈枚功	嘉兴人	岁贡	《乾隆任丘县志》康熙四十一年
县令	林瑄	新宁人	举人	《乾隆任丘县志》康熙四十七年
县令	蔡芳升	福建人	举人	《乾隆任丘县志》康熙四十八年

职官	人名	籍贯	出身	出处及在职时间及在职时间
县令	陈馀芳	章州人	进士	《乾隆任丘县志》康熙五十九年
县令	袁圻	曹州人	监生	《乾隆任丘县志》雍正元年
县令	夏封泰	归安人	进士	《乾隆任丘县志》雍正七年
县令	钱孙振	归安人	进士	《乾隆任丘县志》雍正十年
县令	陆福宜	泰兴人	监生	《乾隆任丘县志》雍正十三年
县令	任弘业	山阴人	进士	《乾隆任丘县志》乾隆二年
县令	朱焜	石屏州人	进士	《乾隆任丘县志》乾隆四年
县令	施毓晖	余姚人	进士	《乾隆任丘县志》乾隆九年
县令	吴祖修	武进人	进士	《乾隆任丘县志》乾隆十年

职官	人名	籍贯	出身	出处及在职时间及在职时间
县令	唐倚衡	北都人	举人	《乾隆任丘县志》乾隆十三年
县令	顾之麟	仁和人	进士	《乾隆任丘县志》乾隆十四年
县令	陈文合	潮州人	举人	《乾隆任丘县志》乾隆十四年
县令	邹云城	无锡人	举人	《乾隆任丘县志》乾隆十九年
县令	钟凤翔	海宁人	进士	《乾隆任丘县志》乾隆二十年
县令	刘 统	武威人	拔贡	《乾隆任丘县志》乾隆二十五年
县令	商 衡	会稽人	进士	《道光任丘县志》乾隆三十二年
县令	周凤岐	永嘉人	举人	《道光任丘县志》乾隆三十五年
县令	归景照	常熟人	监生	《道光任丘县志》乾隆三十六年

职官	人名	籍贯	出身	出处及在职时间及在职时间
县令	嵇承孟	无锡人	监生	《道光任丘县志》乾隆四十一年
县令	盛鏄	元和人	监生	《道光任丘县志》乾隆四十四年
县令	吴大受	钱塘人	监生	《道光任丘县志》乾隆四十六年
县令	周世棨	祥符人	进士	《道光任丘县志》乾隆五十四年
县令	王景舆	章丘人	监生	《道光任丘县志》乾隆五十四年
县令	续俱扬	崞县人	举人	《道光任丘县志》乾隆五十六年
县令	张霈	武盛人	举人	《道光任丘县志》嘉庆三年
县令	郎锦骐	代州人	举人	《道光任丘县志》嘉庆四年
县令	李训书	济宁州人		《道光任丘县志》嘉庆十二年

职官	人名	籍贯	出身	出处及在职时间及在职时间
县令	庄 詠	莒州人	进士	《道光任丘县志》嘉庆十六年
县令	李寿春	利津人	拔贡	《道光任丘县志》嘉庆十八年
县令	邵 楠	山阴人	监生	《道光任丘县志》嘉庆二十三年
县令	淡廷菜	大荔人	附贡	《道光任丘县志》道光元年
县令	蔡元禧	富顺人	举人	《道光任丘县志》道光三年
县令	康锡新	城□人	副榜	《道光任丘县志》道光四年
县令	孔传薪	句容人	拔贡	《道光任丘县志》道光十一年
县令	黄敞心	铜梁人	举人	《道光任丘县志》道光十一年
县令	吴斯璧	藤县人	廪贡	《道光任丘县志》道光十二年

职官	人名	籍贯	出身	出处及在职时间及在职时间
县令	鲍承煮	仁和人	进士	《道光任丘县志》道光十五年

县丞管管河主簿事

职官	人名	籍贯	出身	出处及在职时间及在职时间
县丞管管河主簿事	刘　枀	安徽人	监生	《爵秩全本》乾隆三十三年秋

县　丞

职官	人名	籍贯	出身	出处及在职时间及在职时间
县丞	朱　紫		监生	《乾隆任丘县志》顺治元年
县丞	沈元泰		吏员	《乾隆任丘县志》顺治二年

职官	人名	籍贯	出身	出处及在职时间及在职时间
县丞	吴贞明		贡士	《乾隆任丘县志》顺治三年
县丞	江淳然		进士	《乾隆任丘县志》顺治十二年
县丞	徐国治	辽东人		《乾隆任丘县志》康熙五年
县丞	琚五吉	山西人	贡士	《乾隆任丘县志》康熙十一年
县丞	程际亨	嘉善人		《道光任丘县志》道光八年
县丞	王凤楷	长清人	监生	《道光任丘县志》道光十年
县丞	程 榞	浙江桐乡人	监生	《缙绅全书》《道光任丘县志》道光十年冬
县丞	程 榞	浙江桐乡人	监生	《缙绅全书》《中枢备览》道光十三年夏
县丞	程 榞	浙江桐乡人	监生	《缙绅全书》道光十四年春

职官	人名	籍贯	出身	出处及在职时间及在职时间
县丞	程 榸	浙江桐乡人	监生	《缙绅全书》道光十四年夏
县丞	王凤楷	浙江长兴人	监生	《缙绅全书》《中枢备览》道光十六年夏
县丞	王凤楷	浙江长兴人	监生	《缙绅全书》道光十六年秋
县丞	王凤楷	浙江长兴人	监生	《缙绅全书》《中枢备览》道光十六年冬
县丞	王凤楷	浙江长兴人	监生	《缙绅全书》道光十七年秋
县丞	王凤楷	浙江长兴人	监生	《缙绅全书》道光十八年夏
县丞	王凤楷	浙江长兴人	监生	《缙绅全书》《爵秩全览》道光十九年夏
县丞	王凤楷	浙江长兴人	监生	《缙绅全书》道光二十年秋
县丞	王凤楷	浙江长兴人	监生	《缙绅全书》道光二十年冬

职官	人名	籍贯	出身	出处及在职时间及在职时间
县丞	王凤楷	浙江人	监生	《缙绅全书》《中枢备览》道光二十二年春
县丞	王凤楷	浙江人	监生	《缙绅全书》道光二十二年冬
县丞	程 椿	江苏人	议叙	《缙绅全书》道光二十五年夏
县丞	程 椿	江苏人	议叙	《缙绅全书》道光二十五年秋
县丞	程 椿	江苏人	议叙	《爵秩全览》道光二十六年
县丞	程 椿	江苏人	议叙	《缙绅全书》道光二十七年夏
县丞	程 春	江苏人	议叙	《缙绅全书》道光二十七年秋
县丞	程 椿	江苏甘泉人	监生	《爵秩全览》道光二十八年夏
县丞	程 椿	江苏甘泉人	监生	《缙绅全书》道光二十八年冬

职官	人名	籍贯	出身	出处及在职时间及在职时间
县丞	程　椿	江苏甘泉人	监生	《缙绅全书》道光二十九年夏
县丞	程　椿	江苏甘泉人	监生	《爵秩全览》咸丰元年夏
县丞	程　椿	江苏甘泉人	监生	《爵秩全览》咸丰二年冬
县丞	程　椿	江苏甘泉人	议叙	《缙绅全书》咸丰三年夏
县丞	程　椿	江苏甘泉人	议叙	《缙绅全书》咸丰四年春
县丞	程　椿	江苏甘泉人	议叙	《缙绅全书》咸丰四年
县丞	程　椿	江苏甘泉人	监生	《爵秩全览》咸丰六年春
县丞	程　椿	江苏甘泉人	议叙	《缙绅全书》咸丰六年春
县丞	钟　景	浙江海宁人	供事	《爵秩全览》咸丰六年夏

职官	人名	籍贯	出身	出处及在职时间及在职时间
县丞	钟 景	浙江海宁人	供事	《爵秩全览》咸丰七年秋
县丞	钟 景	浙江海宁人	供事	《爵秩全览》咸丰七年冬
县丞	钟 景	浙江海宁人	议叙	《缙绅全书》咸丰八年冬
县丞	钟 景	浙江海宁人	议叙	《缙绅全书》咸丰九年夏
县丞	钟 景	浙江海宁人	议叙	《缙绅全书》咸丰十年秋
县丞	钟 景	浙江海宁人	议叙	《缙绅全书》咸丰十年
县丞	王广爱	山东济宁人	监生	《缙绅全书》同治四年夏
县丞	王广爱	山东济宁人	监生	《缙绅全书》同治五年春
县丞	王广爱	山东济宁人	监生	《爵秩全览》同治六年春

职官	人名	籍贯	出身	出处及在职时间及在职时间
县丞	王广爱	山东济宁人	监生	《缙绅全书》同治六年春
县丞	王广爱	山东济宁人	监生	《缙绅全书》同治六年秋
县丞	王广爱	山东济宁人	监生	《缙绅全书》同治八年春
县丞	王广爱	山东济宁人	监生	《缙绅全书》同治八年冬
县丞	王广爱	山东济宁人	监生	《爵秩全览》同治九年春
县丞	王广爱	山东济宁州人	廪贡	《缙绅全书》同治九年夏
县丞	王广爱	山东济宁州人	廪贡	《爵秩全览》同治九年秋
县丞	王广爱	山东济宁州人	廪贡	《缙绅全书》同治九年冬
县丞	王广爱	山东济宁州人	廪贡	《缙绅全书》同治十年春

职官	人名	籍贯	出身	出处及在职时间及在职时间
县丞	王广爱	山东济宁州人	廪贡	《缙绅全书》同治十年夏
县丞		山东济宁州人	廪贡	《缙绅全书》同治十一年夏
县丞		山东济宁州人	廪贡	《缙绅全书》《中枢备览》同治十一年秋
县丞	陆师瑗	浙江钱塘人	监生	《缙绅全书》同治十二年冬
县丞	陆师瑗	浙江钱塘人	监生	《缙绅全书》同治十三年春
县丞	陆师瑗	浙江钱塘人	监生	《爵秩全览》同治十三年夏
县丞	陆师瑗	浙江钱塘人	监生	《缙绅全书》同治十三年秋
县丞	陆师瑗	浙江钱塘人	监生	《缙绅全书》同治十三年冬
县丞	陆师瑗	浙江钱塘人	监生	《爵秩全览》同治十三年冬

职官	人名	籍贯	出身	出处及在职时间及在职时间
县丞	陆师瑗	浙江钱塘人	监生	《缙绅全书》《中枢备览》同治十三年冬
县丞	陆师瑗	浙江钱塘人	监生	《爵秩全览》光绪元年夏
县丞	陆师瑗	浙江钱塘人	监生	《爵秩全览》光绪元年秋
县丞	陆师瑗	浙江钱塘人	监生	《缙绅全书》光绪二年秋
县丞	陆师瑗	浙江钱塘人	监生	《爵秩全览》光绪二年冬
县丞	陆师瑗	浙江钱塘人	监生	《缙绅全书》《中枢备览》光绪三年夏
县丞	陆师瑗	浙江钱塘人	监生	《缙绅全书》光绪三年秋
县丞	陆师瑗	浙江钱塘人	监生	《爵秩全览》光绪三年冬
县丞	陆师瑗	浙江钱塘人	监生	《缙绅全书》《中枢备览》光绪四年秋

职官	人名	籍贯	出身	出处及在职时间及在职时间
县丞	陆师瑗	浙江钱塘人	监生	《爵秩全览》光绪四年冬
县丞	陆师瑗	浙江钱塘人	监生	《缙绅全书》光绪五年春
县丞	陆师瑗	浙江钱塘人	监生	《缙绅全书》光绪五年秋
县丞	陆师瑗	浙江钱塘人	监生	《缙绅全书》《中枢备览》光绪五年冬
县丞	陆师瑗	浙江钱塘人	监生	《缙绅全书》光绪七年春
县丞	宋慎怀	河南武陟人	监生	《爵秩全览》光绪七年冬
县丞	宋慎怀	河南武陟人	监生	《缙绅全书》光绪七年冬
县丞	宋慎怀	河南武陟人	监生	《缙绅全书》光绪八年冬
县丞	宋慎怀	河南武陟人	监生	《爵秩全览》光绪十年夏

职官	人名	籍贯	出身	出处及在职时间及在职时间
县丞	宋慎怀	河南武陟人	监生	《爵秩全览》光绪十年秋
县丞	宋慎怀	河南武陟人	监生	《爵秩全览》光绪十一年春
县丞	宋慎怀	河南武陟人	监生	《爵秩全览》光绪十一年夏
县丞	宋慎怀	河南武陟人	监生	《爵秩全览》光绪十一年夏
县丞	宋慎怀	河南武陟人	监生	《爵秩全览》光绪十一年秋
县丞	宋慎怀	河南武陟人	监生	《爵秩全览》光绪十二年夏
县丞	宋慎怀	河南武陟人	监生	《缙绅全书》光绪十二年秋
县丞	宋慎怀	河南武陟人	监生	《爵秩全览》光绪十三年春
县丞	宋慎怀	河南武陟人	监生	《缙绅全书》《中枢备览》光绪十三年夏

职官	人名	籍贯	出身	出处及在职时间及在职时间
县丞	宋慎怀	河南武陟人	监生	《缙绅全书》光绪十三年冬
县丞	宋慎怀	河南武陟人	监生	《缙绅全书》光绪十四年夏
县丞	宋慎怀	河南武陟人	监生	《爵秩全览》光绪十四年冬
县丞	宋慎怀	河南武陟人	监生	《爵秩全览》光绪十五年夏
县丞	许文宝	河南丙黄人	监生	《缙绅全书》光绪十六年春
县丞	许文宝	河南丙黄人	监生	《缙绅全书》光绪十六年冬
县丞	许文宝	河南丙黄人	监生	《爵秩全览》光绪十八年春
县丞	许文宝	河南丙黄人	监生	《爵秩全览》光绪十八年秋

职官	人名	籍贯	出身	出处及在职时间及在职时间
县丞	许文宝	河南丙黄人	监生	《爵秩全览》光绪十八年冬
县丞	许文宝	河南丙黄人	监生	《缙绅全书》光绪十九年春
县丞	许文宝	河南丙黄人	监生	《爵秩全览》光绪十九年夏
县丞	许文宝	河南丙黄人	监生	《爵秩全览》光绪十九年秋
县丞		河南丙黄人	监生	《缙绅全书》光绪十九年冬
县丞	许文宝	河南丙黄人	监生	《爵秩全览》光绪十九年冬
县丞	多 仁	蒙古正蓝旗人	监生	《缙绅全书》《中枢备览》光绪二十年夏
县丞	多 仁	蒙古正蓝旗人	监生	《爵秩全览》光绪二十年秋

职官	人名	籍贯	出身	出处及在职时间及在职时间
县丞	多 仁	蒙古正蓝旗人	监生	《爵秩全览》光绪二十一年春
县丞	多 仁	蒙古正蓝旗人	监生	《爵秩全览》光绪二十一年夏
县丞	多 仁	蒙古正蓝旗人	监生	《爵秩全览》光绪二十一年秋
县丞	多 仁	蒙古正蓝旗人	监生	《缙绅全书》光绪二十一年冬
县丞	多 仁	蒙古正蓝旗人	监生	《爵秩全览》光绪二十二年春
县丞	多 仁	蒙古正蓝旗人	监生	《缙绅全书》光绪二十二年春
县丞	多 仁	蒙古正蓝旗人	监生	《爵秩全览》光绪二十二年夏
县丞	多 仁	蒙古正蓝旗人	监生	《爵秩全览》光绪二十二年秋
县丞	多 仁	蒙古正蓝旗人	监生	《爵秩全览》光绪二十二年冬

职官	人名	籍贯	出身	出处及在职时间及在职时间
县丞	多 仁	蒙古正蓝旗人	监生	《爵秩全览》光绪二十三年夏
县丞	多 仁	蒙古正蓝旗人	监生	《缙绅全书》《中枢备览》光绪二十三年秋
县丞	多 仁	蒙古正蓝旗人	监生	《爵秩全览》光绪二十三年冬
县丞	多 仁	蒙古正蓝旗人	监生	《爵秩全览》光绪二十四年春
县丞	多 仁	蒙古正蓝旗人	监生	《爵秩全览》光绪二十四年秋
县丞	多 仁	蒙古正蓝旗人	监生	《爵秩全览》光绪二十四年冬
县丞	多 仁	蒙古正蓝旗人	监生	《缙绅全书》光绪二十四年冬
县丞	多 仁	蒙古正蓝旗人	监生	《爵秩全览》光绪二十五年春
县丞	多 仁	蒙古正蓝旗人	监生	《缙绅全书》《中枢备览》光绪二十五年春

职官	人名	籍贯	出身	出处及在职时间及在职时间
县丞	多 仁	蒙古正蓝旗人	监生	《爵秩全览》光绪二十五年夏
县丞	多 仁	蒙古正蓝旗人	监生	《缙绅全书》光绪二十五年夏
县丞	多 仁	蒙古正蓝旗人	监生	《爵秩全览》光绪二十五年秋
县丞	多 仁	蒙古正蓝旗人	监生	《缙绅全书》《中枢备览》光绪二十五年冬
县丞	多 仁	蒙古正蓝旗人	监生	《缙绅全书》《中枢备览》光绪二十六年春
县丞	多 仁	蒙古正蓝旗人	监生	《缙绅全书》光绪二十六年夏
县丞	多 仁	蒙古正蓝旗人	监生	《爵秩全览》光绪二十六年秋
县丞	多 仁	蒙古正蓝旗人	监生	《缙绅全书》光绪二十七年春
县丞	多 仁	蒙古正蓝旗人	监生	《爵秩全览》光绪二十七年冬

职官	人名	籍贯	出身	出处及在职时间及在职时间
县丞	多 仁	蒙古正蓝旗人	监生	《缙绅全书》《中枢备览》光绪二十七年冬
县丞	多 仁	蒙古正蓝旗人	监生	《爵秩全览》光绪二十八年春
县丞	多 仁	蒙古正蓝旗人	监生	《缙绅全书》《中枢备览》光绪二十八年夏《爵秩全览》
县丞	多 仁	蒙古正蓝旗人	监生	《爵秩全览》光绪二十八年秋
县丞	多 仁	蒙古正蓝旗人	监生	《缙绅全书》《中枢备览》光绪二十八年冬
县丞	王广益	浙江山阴人	监生	《缙绅全书》《中枢备览》光绪二十九年春
县丞	王广益	浙江山阴人	监生	《缙绅全书》光绪二十九年夏
县丞	王广益	浙江山阴人	监生	《爵秩全览》光绪二十九年秋
县丞	王广益	浙江山阴人	监生	《缙绅全书》《中枢备览》光绪二十九年秋

职官	人名	籍贯	出身	出处及在职时间及在职时间
县丞	王广益	浙江山阴人	监生	《缙绅全书》《中枢备览》光绪二十九年冬
县丞	王广益	浙江山阴人	监生	《缙绅全书》《中枢备览》光绪三十年春
县丞	王广益	浙江山阴人	监生	《爵秩全览》光绪三十年春
县丞	王广益	浙江山阴人	监生	《缙绅全书》《中枢备览》光绪三十年春
县丞	王广益	浙江山阴人	监生	《缙绅全书》光绪三十年冬
县丞	王广益	浙江山阴人	监生	《缙绅全书》《中枢备览》光绪三十一年春
县丞	王广益	浙江山阴人	监生	《爵秩全览》光绪三十一年夏
县丞	王广益	浙江山阴人	监生	《缙绅全书》《中枢备览》光绪三十一年夏
县丞	王广益	浙江山阴人	监生	《爵秩全览》光绪三十一年秋

职官	人名	籍贯	出身	出处及在职时间及在职时间
县丞	王广益	浙江山阴人	监生	《爵秩全览》光绪三十一年冬
县丞	王广益	浙江山阴人	监生	《爵秩全览》光绪三十二年春
县丞	王广益	浙江山阴人	监生	《缙绅全书》《中枢备览》光绪三十二年春
县丞	王广益	浙江山阴人	监生	《缙绅全书》光绪三十二年夏
县丞	王广益	浙江山阴人	监生	《缙绅全书》光绪三十二年秋
县丞	王广益	浙江山阴人	监生	《缙绅全书》光绪三十二年冬
县丞	王广益	浙江山阴人	监生	《爵秩全览》光绪三十二年冬
县丞	王广益	浙江山阴人	监生	《爵秩全览》光绪三十三年春
县丞	王广益	浙江山阴人	监生	《缙绅全书》《中枢备览》光绪三十三年夏

职官	人名	籍贯	出身	出处及在职时间及在职时间
县丞	王广益	浙江山阴人	监生	《爵秩全览》光绪三十三年秋
县丞	王广益	浙江山阴人	监生	《爵秩全览》光绪三十三年冬
县丞	程启鹏	四川铜梁人	监生	《爵秩全览》光绪三十四年春
县丞	王广益	浙江山阴人		《最新百官绿》光绪三十四年春
县丞	程启鹏	四川铜梁人	监生	《爵秩全览》光绪三十四年夏
县丞	程启鹏	四川铜梁人	监生	《爵秩全览》光绪三十四年秋
县丞	程启鹏	四川铜梁人	监生	《爵秩全览》光绪三十四年冬
县丞	程启鹏	四川铜梁人	监生	《爵秩全览》宣统元年春
县丞	程启鹏	四川铜梁人	监生	《爵秩全览》宣统元年夏
县丞	程启鹏	四川铜梁人	监生	《爵秩全览》宣统元年秋

职官	人名	籍贯	出身	出处及在职时间及在职时间
县丞	程启鹏	四川铜梁人	监生	《爵秩全览》宣统元年冬
县丞	程启鹏	四川铜梁人	监生	《缙绅全书》宣统元年冬
县丞	程启鹏	四川铜梁人	监生	《爵秩全览》宣统二年春
县丞	程启鹏	四川铜梁人	监生	《爵秩全览》宣统二年夏
县丞	程启鹏	四川铜梁人	监生	《爵秩全览》宣统二年秋
县丞	程启鹏	四川铜梁人	监生	《爵秩全览》宣统二年冬
县丞	程启鹏	四川铜梁人	监生	《爵秩全览》宣统三年春
县丞	程启鹏	四川铜梁人	监生	《爵秩全览》宣统三年夏
县丞	程启鹏	四川铜梁人	监生	《爵秩全览》宣统三年秋
县丞	程启鹏	四川铜梁人	监生	《职官录》宣统三年冬

职官	人名	籍贯	出身	出处及在职时间及在职时间
县丞	丁惟棠	山东日照人	附生	《职官录》宣统四年春

守营千总

职官	人名	籍贯	出身	出处及在职时间及在职时间
守营千总	李毓清	天津人	武举	《道光任丘县志》嘉庆十八年

任丘汛千总

职官	人名	籍贯	出身	出处及在职时间及在职时间
任丘汛千总	张德裕	直隶人	行伍	《缙绅全书》《中枢备览》光绪二十七年冬
任丘汛千总	张德裕	直隶人	行伍	《缙绅全书》《中枢备览》光绪二十八年夏《爵秩全览》
任丘汛千总	张德裕	直隶人	行伍	《缙绅全书》《中枢备览》光绪二十八年秋

职官	人名	籍贯	出身	出处及在职时间及在职时间
任丘汛千总	张德裕	直隶人	行伍	《缙绅全书》《中枢备览》光绪二十八年冬
任丘汛千总	张德裕	直隶人	行伍	《缙绅全书》《中枢备览》光绪二十九年春
任丘汛千总	张德裕	直隶人	行伍	《缙绅全书》《中枢备览》光绪二十九年秋
任丘汛千总	张德裕	直隶人	行伍	《缙绅全书》《中枢备览》光绪二十九年冬
任丘汛千总	张德裕	直隶人	行伍	《缙绅全书》《中枢备览》光绪三十年春
任丘汛千总	张德裕	直隶人	行伍	《缙绅全书》《中枢备览》光绪三十年春

千 总

职官	人名	籍贯	出身	出处及在职时间及在职时间
千总	窦天禄	直隶人	行伍	《爵秩新本》《中枢备览》雍正四年夏

职官	人名	籍贯	出身	出处及在职时间及在职时间
千总	张文宪	榆林人	武举	《乾隆任丘县志》雍正年间
千总	王启禄	天津人	行伍	《乾隆任丘县志》
千总	李云龙	通州人	行伍	《乾隆任丘县志》
千总	盛　彪	三河人	行伍	《乾隆任丘县志》
千总	李秉仁	永平人	行伍	《道光任丘县志》
千总	路允成	青县人	行伍	《道光任丘县志》
千总	李用中	正定人	行伍	《道光任丘县志》
千总	李文台	天津人	行伍	《道光任丘县志》

教　谕

职官	人名	籍贯	出身	出处及在职时间及在职时间
教谕	赵　焕	密云人	贡士	《乾隆任丘县志》顺治元年
教谕	张蕴奇	枣强人	贡士	《乾隆任丘县志》顺治元年
教谕	石　暹	威县人	贡士	《乾隆任丘县志》顺治元年
教谕	杨呈秀	郑县人	贡士	《乾隆任丘县志》顺治元年
教谕	刘　溥	宣镇人	举人	《乾隆任丘县志》顺治十六年
教谕	吴　焕	福建人顺天籍	举人	《乾隆任丘县志》康熙元年
教谕	朱尔怡	奉天人	举人	《乾隆任丘县志》康熙十年

职官	人名	籍贯	出身	出处及在职时间及在职时间
教谕	贾焯然	保定人	举人	《乾隆任丘县志》康熙十八年
教谕	蔡芹香	文安人	举人	《乾隆任丘县志》康熙二十三年
教谕	黄之裳	元城人	举人	《乾隆任丘县志》康熙三十一年
教谕	朱良佐	无极人	举人	《乾隆任丘县志》康熙三十五年
教谕	王芳毓	奉天人	拔贡	《乾隆任丘县志》康熙四十二年
教谕	徐公望	大兴人	岁贡	《乾隆任丘县志》康熙四十五年
教谕	宋　瑛	博野人	举人	《乾隆任丘县志》康熙五十五年
教谕	方宏礼	江南人大兴籍	举人	《乾隆任丘县志》雍正九年
教谕	孙念祖	开州人	举人	《乾隆任丘县志》雍正十年

职官	人名	籍贯	出身	出处及在职时间及在职时间
教谕	韩德昌	柏乡人	举人	《乾隆任丘县志》雍正十三年
教谕	徐　经	蠡县人	举人	《乾隆任丘县志》乾隆二年
教谕	徐经	保定人	举人	《缙绅新书》乾隆十三年春
教谕	郭振采	杭州人宛平人	举人	《乾隆任丘县志》乾隆十八年
教谕	张聊全	广宁人	岁贡	《乾隆任丘县志》乾隆二十二年
教谕	赵国祥	武邑人	举人	《乾隆任丘县志》乾隆二十四年
教谕	刘文述	枣强人	举人	《乾隆任丘县志》乾隆二十四年
教谕	刘文述	冀州人	举人	《缙绅全本》乾隆二十五年冬
教谕	刘文述	冀州人	举人	《缙绅全本》乾隆二十六年秋

职官	人名	籍贯	出身	出处及在职时间及在职时间
教谕	赵重英	天津人	举人	《缙绅全书》乾隆三十年春
教谕	赵仲英	天津人		《爵秩全本》乾隆三十年冬
教谕	孟充善	滦州人	举人	《爵秩全本》乾隆三十三年秋
教谕	孟充善	滦州人	举人	《缙绅全书》《中枢备览》乾隆四十二年秋
教谕	贾云锦	藁城人	举人	《道光任丘县志》乾隆四十五年
教谕	贾云锦	藁城人	举人	《缙绅全书》《中枢备览》乾隆五十三年春
教谕	杨铭	容城人	举人	《道光任丘县志》乾隆五十八年
教谕	孟充善		举人	《道光任丘县志》乾隆年间
教谕	杨铭	容城人	举人	《缙绅全书》嘉庆元年春

职官	人名	籍贯	出身	出处及在职时间及在职时间
教谕	杨　铭	容城人	举人	《缙绅全书》嘉庆二年冬
教谕	杨　铭	容城人	举人	《缙绅全书》嘉庆三年秋
教谕	杨　铭	容城人	举人	《缙绅全书》嘉庆三年冬
教谕	杨　铭	容城人	举人	《缙绅全书》嘉庆五年冬
教谕	潘　检	威县人	举人	《道光任丘县志》嘉庆七年
教谕	潘　检	广平人	举人	《缙绅全书》嘉庆九年春
教谕	潘　检	广平人	举人	《缙绅全书》《中枢备览》嘉庆十一年春
教谕	潘　检	广平人	举人	《缙绅全书》嘉庆十一年夏
教谕	宋去疾	蔚州人	举人	《道光任丘县志》嘉庆十六年

职官	人名	籍贯	出身	出处及在职时间及在职时间
教谕	宋去疾	宣化府人	举人	《缙绅全书》嘉庆十七年秋
教谕	曹致恭	冀州人	举人	《缙绅全书》嘉庆二十一年冬
教谕	宋去疾	宣化府人	举人	《缙绅全书》嘉庆二十二年春
教谕	宋去疾	宣化府人	举人	《缙绅全书》（大）《缙绅全书》（小）嘉庆二十二年冬
教谕	曹致恭	冀州人	举人	《道光任丘县志》嘉庆二十三年
教谕	曹致恭	冀州人	举人	《缙绅全书》嘉庆二十五年夏
教谕	曹致恭	冀州人	举人	《缙绅全书》《中枢备览》道光四年夏
教谕	曹致恭	冀州人	举人	《缙绅全书》道光四年夏
教谕	曹致恭	冀州人	举人	《爵秩全览》道光六年秋

职官	人名	籍贯	出身	出处及在职时间及在职时间
教谕	曹致恭	冀州人	举人	《缙绅全书》道光七年春
教谕	陈若畴	宛平人	进士	《道光任丘县志》道光八年
教谕	陈巷畴	宛平人	进士	《缙绅全书》道光十年冬
教谕	陈巷畴	宛平人	进士	《缙绅全书》《中枢备览》道光十三年夏
教谕	陈巷畴	宛平人	进士	《缙绅全书》道光十四年春
教谕	陈巷畴	宛平人	进士	《缙绅全书》道光十四年夏
教谕	陈巷畴	顺天宛平人	进士	《缙绅全书》《中枢备览》道光十六年夏
教谕	陈若畴	宛平县人	进士	《缙绅全书》道光十六年秋
教谕	陈若畴	宛平县人	进士	《缙绅全书》《中枢备览》道光十六年冬

职官	人名	籍贯	出身	出处及在职时间及在职时间
教谕	陈若畴	宛平县人	进士	《缙绅全书》道光十七年秋
教谕	马书田	乐亭人	举人	《缙绅全书》道光十八年夏
教谕	马书田	乐亭人	举人	《缙绅全书》《爵秩全览》道光十九年夏
教谕	马书田	乐亭人	举人	《缙绅全书》道光二十年秋
教谕	马书田	乐亭人	举人	《缙绅全书》道光二十年冬
教谕	马书田	永平人	举人	《缙绅全书》《中枢备览》道光二十二年春
教谕	马书田	永平人	举人	《缙绅全书》道光二十二年冬
教谕	士　全	汉军旗人	贡生	《缙绅全书》道光二十五年夏
教谕	士　全	汉军旗人	贡生	《缙绅全书》道光二十五年秋

职官	人名	籍贯	出身	出处及在职时间及在职时间
教谕	士 全	汉军旗人	贡生	《爵秩全览》道光二十六年
教谕	士 全	汉军旗人	贡生	《缙绅全书》道光二十七年夏
教谕	士 全	汉军旗人	贡生	《缙绅全书》道光二十七年秋
教谕	士 全	汉军正白旗人	优贡	《爵秩全览》道光二十八年夏
教谕	倪 耀	永平人	举人	《缙绅全书》道光二十八年冬
教谕	陈九成	保定府人	举人	《缙绅全书》道光二十九年夏
教谕	陈九成	保定府人	举人	《爵秩全览》咸丰元年夏
教谕	陈九成	保定府人	举人	《爵秩全览》咸丰二年冬
教谕	陈九成	保定人	举人	《缙绅全书》咸丰三年夏

职官	人名	籍贯	出身	出处及在职时间及在职时间
教谕	士　全	汉军正白旗人	优贡	《缙绅全书》咸丰四年春
教谕	陈九成	保定人	举人	《缙绅全书》咸丰四年
教谕	陈九成	保定府人	举人	《爵秩全览》咸丰六年春
教谕	陈九成	保定人	举人	《缙绅全书》咸丰六年春
教谕	陈九成	保定府人	举人	《爵秩全览》咸丰六年夏
教谕	陈九成	保定府人	举人	《爵秩全览》咸丰七年秋
教谕	陈九成	保定府人	举人	《爵秩全览》咸丰七年冬
教谕	陈九成	保定人	举人	《缙绅全书》咸丰十年秋
教谕	陈九成	保定人	举人	《缙绅全书》咸丰十年

职官	人名	籍贯	出身	出处及在职时间及在职时间
教谕	陈九成	保定人	举人	《缙绅全书》同治四年夏
教谕	陈九成	保定人	举人	《缙绅全书》同治五年春
教谕	陈九成	保定人	举人	《爵秩全览》同治六年春
教谕	陈九成	保定人	举人	《缙绅全书》同治六年春
教谕	陈九成	保定人	举人	《缙绅全书》同治六年秋
教谕	陈九成	保定人	举人	《缙绅全书》同治八年春
教谕	陈九成	保定人	举人	《缙绅全书》同治八年冬
教谕	陈九成	保定人	举人	《爵秩全览》同治九年春
教谕	陈九成	保定府人	举人	《缙绅全书》同治九年夏

职官	人名	籍贯	出身	出处及在职时间及在职时间
教谕	陈九成	保定府人	举人	《爵秩全览》同治九年秋
教谕	陈九成	保定府人	举人	《缙绅全书》同治九年冬
教谕	陈九成	保定府人	举人	《缙绅全书》同治十年春
教谕	陈九成	保定府人	举人	《缙绅全书》同治十年夏
教谕	陈九成	保定府人	举人	《缙绅全书》同治十一年夏
教谕	陈九成	保定府人	举人	《缙绅全书》《中枢备览》同治十一年秋
教谕	陈九成	保定府人	举人	《缙绅全书》同治十二年冬
教谕	张文印	顺天人	廪贡	《缙绅全书》同治十三年春
教谕	张文印	顺天人	廪贡	《爵秩全览》同治十三年夏

职官	人名	籍贯	出身	出处及在职时间及在职时间
教谕	张文印	顺天人	廪贡	《缙绅全书》同治十三年秋
教谕	张文印	顺天人	廪贡	《缙绅全书》同治十三年冬
教谕	张文印	顺天人	廪贡	《爵秩全览》同治十三年冬
教谕	张文印	顺天人	廪贡	《缙绅全书》《中枢备览》同治十三年冬
教谕	张文印	顺天人	廪贡	《爵秩全览》光绪元年夏
教谕	张文印	顺天人	廪贡	《爵秩全览》光绪元年秋
教谕	张保元	保定人	举人	《缙绅全书》光绪二年秋
教谕	张保元	保定人	举人	《爵秩全览》光绪二年冬
教谕	张保元	保定人	举人	《缙绅全书》《中枢备览》光绪三年夏

职官	人名	籍贯	出身	出处及在职时间及在职时间
教谕	张保元	保定人	举人	《缙绅全书》光绪三年秋
教谕	张保元	保定人	举人	《爵秩全览》光绪三年冬
教谕	张保元	保定人	举人	《缙绅全书》《中枢备览》光绪四年秋
教谕	张保元	保定人	举人	《爵秩全览》光绪四年冬
教谕	张保元	保定人	举人	《缙绅全书》光绪五年春
教谕	张保元	保定人	举人	《缙绅全书》光绪五年秋
教谕	张保元	保定人	举人	《缙绅全书》《中枢备览》光绪五年冬
教谕	张保元	保定人	举人	《缙绅全书》光绪七年春
教谕	张保元	保定人	举人	《爵秩全览》光绪七年冬

职官	人名	籍贯	出身	出处及在职时间及在职时间
教谕	张保元	保定人	举人	《缙绅全书》光绪七年冬
教谕	张保元	保定人	举人	《缙绅全书》光绪八年冬
教谕	张保元	保定人	举人	《爵秩全览》光绪十年夏
教谕	张保元	保定人	举人	《爵秩全览》光绪十年秋
教谕	张保元	保定人	举人	《爵秩全览》光绪十一年春
教谕	张保元	保定人	举人	《爵秩全览》光绪十一年夏
教谕	张保元	保定人	举人	《爵秩全览》光绪十一年夏
教谕	张保元	保定人	举人	《爵秩全览》光绪十一年秋
教谕	张保元	保定府人	举人	《爵秩全览》光绪十二年夏

职官	人名	籍贯	出身	出处及在职时间及在职时间
教谕	张保元	保定府人	举人	《缙绅全书》光绪十二年秋
教谕	张保元	保定府人	举人	《爵秩全览》光绪十三年春
教谕	张保元	保定府人	举人	《缙绅全书》《中枢备览》光绪十三年夏
教谕	张保元	保定府人	举人	《缙绅全书》光绪十三年冬
教谕	张保元	保定府人	举人	《缙绅全书》光绪十四年夏
教谕	张保元	保定府人	举人	《爵秩全览》光绪十四年冬
教谕	张保元	保定府人	举人	《爵秩全览》光绪十五年夏
教谕	张保元	保定府人	举人	《爵秩全览》光绪十五年秋
教谕	张保元	保定府人	举人	《爵秩全览》光绪十五年冬

职官	人名	籍贯	出身	出处及在职时间及在职时间
教谕	张保元	保定府人	举人	《缙绅全书》光绪十六年春
教谕	张保元	保定府人	举人	《缙绅全书》光绪十六年冬
教谕	张保元	保定府人	举人	《爵秩全览》光绪十八年春
教谕	张保元	保定府人	举人	《爵秩全览》光绪十八年秋
教谕	张保元	保定府人	举人	《爵秩全览》光绪十八年冬
教谕	张保元	保定府人	举人	《缙绅全书》光绪十九年春
教谕	张保元	保定府人	举人	《爵秩全览》光绪十九年夏
教谕	张保元	保定府人	举人	《爵秩全览》光绪十九年秋
教谕	张保元	保定人	举人	《缙绅全书》光绪十九年冬

职官	人名	籍贯	出身	出处及在职时间及在职时间
教谕	张保元	保定府人	举人	《爵秩全览》光绪十九年冬
教谕	张保元	保定人	举人	《缙绅全书》《中枢备览》光绪二十年夏
教谕	张保元	保定府人	举人	《爵秩全览》光绪二十年秋
教谕	张保元	保定府人	举人	《爵秩全览》光绪二十一年春
教谕	张保元	保定府人	举人	《爵秩全览》光绪二十一年夏
教谕	张保元	保定府人	举人	《爵秩全览》光绪二十一年秋
教谕	张保元	保定人	举人	《缙绅全书》光绪二十一年冬
教谕	张保元	保定府人	举人	《爵秩全览》光绪二十二年春
教谕	张保元	保定人	举人	《缙绅全书》光绪二十二年春

职官	人名	籍贯	出身	出处及在职时间及在职时间
教谕	张保元	保定府人	举人	《爵秩全览》光绪二十二年夏
教谕	张保元	保定府人	举人	《爵秩全览》光绪二十二年秋
教谕	张保元	保定府人	举人	《爵秩全览》光绪二十二年冬
教谕	张保元	保定府人	举人	《爵秩全览》光绪二十三年夏
教谕	张保元	保定人	举人	《缙绅全书》《中枢备览》光绪二十三年秋
教谕	张保元	保定府人	监生	《爵秩全览》光绪二十三年冬
教谕	张保元	保定府人	监生	《爵秩全览》光绪二十四年春
教谕	张保元	保定府人	监生	《爵秩全览》光绪二十四年秋
教谕	张保元	保定府人	监生	《爵秩全览》光绪二十四年冬

职官	人名	籍贯	出身	出处及在职时间及在职时间
教谕	张保元	保定府人	监生	《缙绅全书》光绪二十四年冬
教谕	张保元	保定府人	监生	《爵秩全览》光绪二十五年春
教谕	张保元	保定府人	监生	《缙绅全书》《中枢备览》光绪二十五年春
教谕	张保元	保定府人	监生	《爵秩全览》光绪二十五年夏
教谕	徐维域	天津人	举人	《缙绅全书》光绪二十五年夏
教谕	徐维域	天津人	举人	《爵秩全览》光绪二十五年秋
教谕	徐维域	天津人	举人	《缙绅全书》《中枢备览》光绪二十五年冬
教谕	徐维域	天津人	举人	《缙绅全书》《中枢备览》光绪二十六年春
教谕	徐维域	天津人	举人	《缙绅全书》光绪二十六年夏

职官	人名	籍贯	出身	出处及在职时间及在职时间
教谕	徐维域	天津人	举人	《爵秩全览》光绪二十六年秋
教谕	徐维域	天津人	举人	《缙绅全书》光绪二十七年春
教谕	徐维域	天津人	举人	《爵秩全览》光绪二十七年冬
教谕	徐维域	天津人	举人	《缙绅全书》《中枢备览》光绪二十七年冬
教谕	徐维域	天津人	举人	《爵秩全览》光绪二十八年春
教谕	徐维域	天津人	举人	《缙绅全书》《中枢备览》光绪二十八年夏 《爵秩全览》
教谕	徐维域	天津人	举人	《爵秩全览》光绪二十八年秋
教谕	徐维域	天津人	举人	《缙绅全书》《中枢备览》光绪二十八年冬
教谕	徐维域	天津人	举人	《爵秩全览》光绪二十九年春

职官	人名	籍贯	出身	出处及在职时间及在职时间
教谕	徐维域	天津人	举人	《缙绅全书》《中枢备览》光绪二十九年春
教谕	徐维域	天津人	举人	《缙绅全书》光绪二十九年夏
教谕	徐维域	天津人	举人	《爵秩全览》光绪二十九年秋
教谕	徐维域	天津人	举人	《缙绅全书》《中枢备览》光绪二十九年秋
教谕	徐维域	天津人	举人	《缙绅全书》《中枢备览》光绪二十九年冬
教谕	徐维域	天津人	举人	《缙绅全书》《中枢备览》光绪三十年春
教谕	徐维域	天津人	举人	《爵秩全览》光绪三十年春
教谕	徐维域	天津人	举人	《缙绅全书》《中枢备览》光绪三十年春
教谕	徐维域	天津人	举人	《缙绅全书》光绪三十年冬

职官	人名	籍贯	出身	出处及在职时间及在职时间
教谕	徐维域	天津人	举人	《缙绅全书》《中枢备览》光绪三十一年春
教谕	徐维域	天津人	举人	《爵秩全览》光绪三十一年夏
教谕	徐维域	天津人	举人	《缙绅全书》《中枢备览》光绪三十一年夏
教谕	徐维域	天津人	举人	《爵秩全览》光绪三十一年秋
教谕	徐维域	天津人	举人	《爵秩全览》光绪三十一年冬
教谕	徐维域	天津人	举人	《爵秩全览》光绪三十二年春
教谕	徐维域	天津人	举人	《缙绅全书》《中枢备览》光绪三十二年春
教谕	徐维域	天津人	举人	《缙绅全书》光绪三十二年夏
教谕	徐维域	天津人	举人	《缙绅全书》光绪三十二年秋

职官	人名	籍贯	出身	出处及在职时间及在职时间
教谕	徐维域	天津人	举人	《缙绅全书》光绪三十二年冬
教谕	徐维域	天津人	举人	《爵秩全览》光绪三十二年冬
教谕	徐维域	天津人	举人	《爵秩全览》光绪三十三年春
教谕	徐维域	天津人	举人	《缙绅全书》《中枢备览》光绪三十三年夏
教谕	徐维域	天津府人	举人	《爵秩全览》光绪三十三年秋
教谕	徐维域	天津府人	举人	《爵秩全览》光绪三十三年冬
教谕	徐维域	天津府人	举人	《爵秩全览》光绪三十四年春
教谕	徐维域	天津府人	举人	《爵秩全览》光绪三十四年夏
教谕	徐维域	天津府人	举人	《爵秩全览》光绪三十四年秋

职官	人名	籍贯	出身	出处及在职时间及在职时间
教谕	徐维域	天津府人	举人	《爵秩全览》光绪三十四年冬
教谕	徐维域	天津府人	举人	《爵秩全览》宣统元年春
教谕	徐维域	天津府人	举人	《爵秩全览》宣统元年夏
教谕	徐维域	天津府人	举人	《爵秩全览》宣统元年秋
教谕	徐维域	天津府人	举人	《爵秩全览》宣统元年冬
教谕	徐维域	天津人	举人	《缙绅全书》宣统元年冬
教谕	徐维域	天津人	举人	《爵秩全览》宣统二年春
教谕	徐维域	天津人	举人	《爵秩全览》宣统二年夏
教谕	徐维域	天津人	举人	《爵秩全览》宣统二年秋

职官	人名	籍贯	出身	出处及在职时间及在职时间
教谕	阎宝田	冀州人	附贡	《爵秩全览》宣统二年冬
教谕	阎宝田	冀州人	附贡	《爵秩全览》宣统三年夏
教谕	阎宝田	冀州人	附贡	《爵秩全览》宣统三年秋
教谕	阎宝田	冀州人	附贡	《职官录》宣统三年冬
教谕	阎宝田	冀州人	附贡	《职官录》宣统四年春

管河主簿

职官	人名	籍贯	出身	出处及在职时间及在职时间
管河主簿	高自传	直隶人	例监	《缙绅新书》乾隆十三年春
管河主簿	杨龙翔	山东历城人	例监	《缙绅全本》乾隆二十五年冬

职官	人名	籍贯	出身	出处及在职时间及在职时间
管河主薄	周世法	浙江仁和人	例监	《缙绅全本》乾隆二十六年秋
管河主薄	周世云	浙江仁和人	监生	《缙绅全书》乾隆三十年春
管河主薄	孙 泳	江苏阳湖人	例监	《爵秩全本》乾隆三十年冬
管河主薄	潘应龙	安徽桐城人		《缙绅全书》《中枢备览》乾隆四十二年秋
管河主薄	徐士模	大兴人	监生	《缙绅全书》《中枢备览》乾隆五十三年春
管河主薄	张乐昌	浙江山阴人	监生	《缙绅全书》嘉庆元年春
管河主薄	薛介廷	陕西雒南人	岁贡	《缙绅全书》嘉庆二年冬
管河主薄	薛介廷	陕西雒南人	岁贡	《缙绅全书》嘉庆三年秋
管河主薄	张允杰	山西临汾人	贡生	《缙绅全书》《道光任丘县志》嘉庆三年冬

职官	人名	籍贯	出身	出处及在职时间及在职时间
管河主薄	张允杰	山西临汾人	贡生	《缙绅全书》嘉庆五年冬
管河主薄	聂 恭	江西新淦人	监生	《缙绅全书》嘉庆九年春
管河主薄	李廷珍	山东历城人	监生	《缙绅全书》《中枢备览》嘉庆十一年春
管河主薄	李廷珍	山东历城人	监生	《缙绅全书》嘉庆十一年夏
管河主薄		山西介休人		《缙绅全书》嘉庆十七年秋
管河主簿	刘 芬	山东单县人	监生	《缙绅全书》嘉庆二十一年冬
管河主簿	刘 芬	山东单县人	监生	《缙绅全书》嘉庆二十二年春
管河主簿	刘 芬	山东单县人	监生	《缙绅全书》（大）《缙绅全书》（小）嘉庆二十二年冬
管河主簿	刘 芬	山东单县人	监生	《缙绅全书》嘉庆二十五年夏

职官	人名	籍贯	出身	出处及在职时间及在职时间
管河主簿	蔡 政	江苏阳湖人	监生	《缙绅全书》《中枢备览》道光四年夏
管河主簿	蔡 政	江苏阳湖人	监生	《缙绅全书》道光四年夏
管河主簿	潘 佺	浙江仁和人	监生	《爵秩全览》道光六年秋
管河主簿	潘 佺	浙江仁和人	监生	《缙绅全书》道光七年春
管河主簿	张 瀛	江苏人	监生	《缙绅全书》道光十年冬

复设训导

职官	人名	籍贯	出身	出处及在职时间及在职时间
复设训导	杨元起	宛平人	廪贡	《缙绅新书》乾隆十三年春
复设训导	董时宪	遵化人	廪贡	《缙绅全本》乾隆二十五年冬

职官	人名	籍贯	出身	出处及在职时间及在职时间
复设训导	董时宪	遵化人	廪贡	《缙绅全本》乾隆二十六年秋
复设训导	王邦彦	大名人	贡生	《缙绅全书》乾隆三十年春
复设训导	王邦彦	大名人	贡生	《爵秩全本》乾隆三十年冬
复设训导	王邦彦	大名人	廪贡	《爵秩全本》乾隆三十三年秋
复设训导	张文伟	大兴人	廪贡	《缙绅全书》《中枢备览》乾隆四十二年秋
复设训导	张文伟	大兴人	廪贡	《缙绅全书》《中枢备览》乾隆五十三年春
复设训导	郭子瞻	武强人	举人	《缙绅全书》嘉庆元年春
复设训导	郭子瞻	武强人	举人	《缙绅全书》嘉庆二年冬
复设训导	郭子瞻	武强人	举人	《缙绅全书》嘉庆三年秋

职官	人名	籍贯	出身	出处及在职时间及在职时间
复设训导	郭子瞻	武强人	举人	《缙绅全书》嘉庆三年冬
复设训导	陈　沐	抚宁人	举人	《缙绅全书》嘉庆五年冬
复设训导	王作楳	遵化州人	举人	《缙绅全书》嘉庆九年春
复设训导	王作楳	遵化州人	举人	《缙绅全书》《中枢备览》嘉庆十一年春
复设训导	王作楳	遵化州人	举人	《缙绅全书》嘉庆十一年夏
复设训导	牛广士	静海人	廪贡	《缙绅全书》嘉庆十七年秋
复设训导	蔡　基	通州人	廪贡	《缙绅全书》嘉庆二十一年冬
复设训导	蔡　基	通州人	廪贡	《缙绅全书》嘉庆二十二年春
复设训导	蔡　基	顺天人	廪贡	《缙绅全书》（大）《缙绅全书》（小）嘉庆二十二年冬

职官	人名	籍贯	出身	出处及在职时间及在职时间
复设训导	蔡　基	通州人	廪贡	《缙绅全书》嘉庆二十五年夏
复设训导	杨　灏	万全人	贡生	《缙绅全书》《中枢备览》道光四年夏
复设训导	蔡　基	通州人	廪贡	《缙绅全书》道光四年夏
复设训导	蔡　基	通州人	廪贡	《爵秩全览》道光六年秋
复设训导	蔡　基	通州人	学贡	《缙绅全书》道光七年春
复设训导	李　缜	迁安人	廪贡	《缙绅全书》道光十年冬
复设训导	李　缜		廪贡	《缙绅全书》《中枢备览》道光十三年夏
复设训导	李　缜		廪贡	《缙绅全书》道光十四年春
复设训导	李　缜		廪贡	《缙绅全书》道光十四年夏

职官	人名	籍贯	出身	出处及在职时间及在职时间
复设训导	李 缜	迁安人	廪贡	《缙绅全书》《中枢备览》道光十六年夏
复设训导	李 缜	迁安人	廪贡	《缙绅全书》道光十六年秋
复设训导	李 缜	迁安人	廪贡	《缙绅全书》《中枢备览》道光十六年冬
复设训导	李 缜	迁安人	廪贡	《缙绅全书》道光十七年秋
复设训导	李 缜	迁安人	廪贡	《缙绅全书》道光十八年夏
复设训导	李 缜	迁安人	廪贡	《缙绅全书》《爵秩全览》道光十九年夏
复设训导	李 缜	迁安人	廪贡	《缙绅全书》道光二十年秋
复设训导	李 缜	迁安人	廪贡	《缙绅全书》道光二十年冬
复设训导	李 缜	迁安人	廪贡	《缙绅全书》《中枢备览》道光二十二年春

职官	人名	籍贯	出身	出处及在职时间及在职时间
复设训导	李 缜	迁安人	廪贡	《缙绅全书》道光二十二年冬
复设训导	刘允中	赵州人	廪贡	《缙绅全书》道光二十五年夏
复设训导	刘允中	赵州人	廪贡	《缙绅全书》道光二十五年秋
复设训导	刘允中	赵州人	廪贡	《爵秩全览》道光二十六年
复设训导	刘允中	赵州人	廪贡	《缙绅全书》道光二十七年夏
复设训导	刘允中	赵州人	廪贡	《缙绅全书》道光二十七年秋
复设训导	刘允中	赵州人	廪贡	《爵秩全览》道光二十八年夏
复设训导	刘允中	赵州人	廪贡	《缙绅全书》道光二十八年冬
复设训导	刘允中	赵州人	廪贡	《缙绅全书》道光二十九年夏

职官	人名	籍贯	出身	出处及在职时间及在职时间
复设训导	刘允中	赵州人	廪贡	《爵秩全览》咸丰元年夏
复设训导	刘允中	赵州人	廪贡	《爵秩全览》咸丰二年冬
复设训导	刘允中	赵州人	廪贡	《缙绅全书》咸丰三年夏
复设训导	刘允中	赵州人	廪贡	《缙绅全书》咸丰四年春
复设训导	刘允中	赵州人	廪贡	《缙绅全书》咸丰四年
复设训导	刘允中	赵州人	廪贡	《爵秩全览》咸丰六年春
复设训导	刘允中	赵州人	廪贡	《缙绅全书》咸丰六年春
复设训导	刘允中	赵州人	廪贡	《爵秩全览》咸丰六年夏
复设训导	刘允中	赵州人	廪贡	《爵秩全览》咸丰七年秋

职官	人名	籍贯	出身	出处及在职时间及在职时间
复设训导	刘允中	赵州人	廪贡	《爵秩全览》咸丰七年冬
复设训导	刘允中	赵州人	廪贡	《缙绅全书》咸丰八年冬
复设训导	刘允中	赵州人	廪贡	《缙绅全书》咸丰九年夏
复设训导	刘允中	赵州人	廪贡	《缙绅全书》咸丰十年秋
复设训导	刘允中	赵州人	廪贡	《缙绅全书》咸丰十年
复设训导	刘允中	赵州人	廪贡	《缙绅全书》同治四年夏
复设训导	刘允中	赵州人	廪贡	《缙绅全书》同治五年春
复设训导	刘允中	赵州人	廪贡	《爵秩全览》同治六年春
复设训导	刘允中	赵州人	廪贡	《缙绅全书》同治六年春

职官	人名	籍贯	出身	出处及在职时间及在职时间
复设训导	刘允中	赵州人	廪贡	《缙绅全书》同治六年秋
复设训导	王庆善	保定人	廪贡	《缙绅全书》同治八年春
复设训导	王庆善	保定人	廪贡	《缙绅全书》同治八年冬
复设训导	王庆善	保定人	廪贡	《爵秩全览》同治九年春
复设训导	王庆善	保定人	廪贡	《缙绅全书》同治九年夏
复设训导	王庆善	保定人	廪贡	《爵秩全览》同治九年秋
复设训导	王庆善	保定人	廪贡	《缙绅全书》同治九年冬
复设训导	王庆善	保定人	廪贡	《缙绅全书》同治十年春
复设训导	王庆善	保定人	廪贡	《缙绅全书》同治十年夏

职官	人名	籍贯	出身	出处及在职时间及在职时间
复设训导	王庆善	保定人	廪贡	《缙绅全书》同治十一年夏
复设训导	王庆善	保定人	廪贡	《缙绅全书》《中枢备览》同治十一年秋
复设训导	王庆善	保定人	廪贡	《缙绅全书》同治十二年冬
复设训导	王庆善	保定人	廪贡	《缙绅全书》同治十三年春
复设训导	王庆善	保定人	廪贡	《爵秩全览》同治十三年夏
复设训导	王庆善	保定人	廪贡	《缙绅全书》同治十三年秋
复设训导	王庆善	保定人	廪贡	《缙绅全书》同治十三年冬
复设训导	王庆善	保定人	廪贡	《爵秩全览》同治十三年冬
复设训导	王庆善	保定人	廪贡	《缙绅全书》《中枢备览》同治十三年冬

职官	人名	籍贯	出身	出处及在职时间及在职时间
复设训导	王庆善	保定人	廪贡	《爵秩全览》光绪元年夏
复设训导	王庆善	保定人	廪贡	《爵秩全览》光绪元年秋
复设训导	王庆善	保定人	廪贡	《缙绅全书》光绪二年秋
复设训导	王庆善	保定人	廪贡	《爵秩全览》光绪二年冬
复设训导	王庆善	保定人	廪贡	《缙绅全书》《中枢备览》光绪三年夏
复设训导	王庆善	保定人	廪贡	《缙绅全书》光绪三年秋
复设训导	王庆善	保定人	廪贡	《爵秩全览》光绪三年冬
复设训导	王庆善	保定人	廪贡	《缙绅全书》《中枢备览》光绪四年秋
复设训导	王庆善	保定人	廪贡	《爵秩全览》光绪四年冬

职官	人名	籍贯	出身	出处及在职时间及在职时间
复设训导	王庆善	保定人	廪贡	《缙绅全书》光绪五年春
复设训导	王庆善	保定人	廪贡	《缙绅全书》光绪五年秋
复设训导	王庆善	保定人	廪贡	《缙绅全书》《中枢备览》光绪五年冬
复设训导	王庆善	保定人	廪贡	《缙绅全书》光绪七年春
复设训导	王庆善	保定人	廪贡	《爵秩全览》光绪七年冬
复设训导	王庆善	保定人	廪贡	《缙绅全书》光绪七年冬
复设训导	王庆善	保定人	廪贡	《缙绅全书》光绪八年冬
复设训导	王庆善	保定人	廪贡	《爵秩全览》光绪十年夏
复设训导	王庆善	保定人	廪贡	《爵秩全览》光绪十年秋

职官	人名	籍贯	出身	出处及在职时间及在职时间
复设训导	张釛	正定府人	举人	《爵秩全览》光绪十一年春
复设训导	张瀛	顺天府人	举人	《爵秩全览》光绪十一年夏
复设训导	张瀛	顺天府人	举人	《爵秩全览》光绪十一年夏
复设训导	张瀛	顺天府人	举人	《爵秩全览》光绪十一年秋
复设训导	张瀛	顺天府人	举人	《爵秩全览》光绪十二年夏
复设训导	张瀛	顺天府人	举人	《缙绅全书》光绪十二年秋
复设训导	贺澎	深州人	廪贡	《爵秩全览》光绪十三年春
复设训导	贺澎	深州人	廪贡	《缙绅全书》《中枢备览》光绪十三年夏
复设训导	贺澎	深州人	廪贡	《缙绅全书》光绪十三年冬

职官	人名	籍贯	出身	出处及在职时间及在职时间
复设训导	贺 澎	深州人	廪贡	《缙绅全书》光绪十四年夏
复设训导	贺 澎	深州人	廪贡	《爵秩全览》光绪十四年冬
复设训导	贺 澎	深州人	廪贡	《爵秩全览》光绪十五年夏
复设训导	贺 澎	深州人	廪贡	《爵秩全览》光绪十五年秋
复设训导	贺 澎	深州人	廪贡	《爵秩全览》光绪十五年冬
复设训导	贺 澎	深州人	廪贡	《缙绅全书》光绪十六年春
复设训导	贺 澎	深州人	廪贡	《缙绅全书》光绪十六年冬
复设训导	贺 澎	深州人	廪贡	《爵秩全览》光绪十八年春
复设训导	贺 澎	深州人	廪贡	《爵秩全览》光绪十八年秋

职官	人名	籍贯	出身	出处及在职时间及在职时间
复设训导	贺 澎	深州人	廪贡	《爵秩全览》光绪十八年冬
复设训导	贺 澎	深州人	廪贡	《缙绅全书》光绪十九年春
复设训导	贺 澎	深州人	廪贡	《爵秩全览》光绪十九年夏
复设训导	贺澎	深州人	廪贡	《爵秩全览》光绪十九年秋
复设训导	贺 澎	深州人	廪贡	《缙绅全书》光绪十九年冬
复设训导	贺 澎	深州人	廪贡	《爵秩全览》光绪十九年冬
复设训导	贺 澎	深州人	廪贡	《缙绅全书》《中枢备览》光绪二十年夏
复设训导	贺 澎	深州人	廪贡	《爵秩全览》光绪二十年秋
复设训导	贺 澎	深州人	廪贡	《爵秩全览》光绪二十一年春

职官	人名	籍贯	出身	出处及在职时间及在职时间
复设训导	贺 澎	深州人	廪贡	《爵秩全览》光绪二十一年夏
复设训导	贺 澎	深州人	廪贡	《爵秩全览》光绪二十一年秋
复设训导	贺 澎	深州人	廪贡	《缙绅全书》光绪二十一年冬
复设训导	贺 澎	深州人	廪贡	《爵秩全览》光绪二十二年春
复设训导	贺 澎	深州人	廪贡	《缙绅全书》光绪二十二年春
复设训导	贺 澎	深州人	廪贡	《爵秩全览》光绪二十二年夏
复设训导	贺 澎	深州人	廪贡	《爵秩全览》光绪二十二年秋
复设训导	贺 澎	深州人	廪贡	《爵秩全览》光绪二十二年冬
复设训导	贺 澎	深州人	廪贡	《爵秩全览》光绪二十三年夏

职官	人名	籍贯	出身	出处及在职时间及在职时间
复设训导	贺 澎	深州人	廪贡	《缙绅全书》《中枢备览》光绪二十三年秋
复设训导	贺 澎	深州人	廪贡	《爵秩全览》光绪二十三年冬
复设训导	贺 澎	深州人	廪贡	《爵秩全览》光绪二十四年春
复设训导	贺 澎	深州人	廪贡	《爵秩全览》光绪二十四年秋
复设训导	贺 澎	深州人	廪贡	《爵秩全览》光绪二十四年冬
复设训导	贺 澎	深州人	廪贡	《缙绅全书》光绪二十四年冬
复设训导	贺 澎	深州人	廪贡	《爵秩全览》光绪二十五年春
复设训导	贺 澎	深州人	廪贡	《缙绅全书》《中枢备览》光绪二十五年春
复设训导	贺 澎	深州人	廪贡	《爵秩全览》光绪二十五年夏

职官	人名	籍贯	出身	出处及在职时间及在职时间
复设训导	贺 澎	深州人	廪贡	《缙绅全书》光绪二十五年夏
复设训导	贺 澎	深州人	廪贡	《爵秩全览》光绪二十五年秋
复设训导	贺 澎	深州人	廪贡	《缙绅全书》《中枢备览》光绪二十五年冬
复设训导	贺 澎	深州人	廪贡	《缙绅全书》《中枢备览》光绪二十六年春
复设训导	贺 澎	深州人	廪贡	《缙绅全书》光绪二十六年夏
复设训导	贺 澎	深州人	廪贡	《爵秩全览》光绪二十六年秋
复设训导	贺 澎	深州人	廪贡	《缙绅全书》光绪二十七年春
复设训导	贺 澎	深州人	廪贡	《爵秩全览》光绪二十七年冬
复设训导	贺 澎	深州人	廪贡	《缙绅全书》《中枢备览》光绪二十七年冬

职官	人名	籍贯	出身	出处及在职时间及在职时间
复设训导	贺 澎	深州人	廪贡	《爵秩全览》光绪二十八年春
复设训导	赵 墀	赵州人	附贡	《缙绅全书》《中枢备览》光绪二十八年夏 《爵秩全览》
复设训导	赵 墀	赵州人	附贡	《爵秩全览》光绪二十八年秋
复设训导	赵 墀	赵州人	附贡	《缙绅全书》《中枢备览》光绪二十八年冬
复设训导	赵 墀	赵州人	附贡	《爵秩全览》光绪二十九年春
复设训导	赵 墀	赵州人	附贡	《缙绅全书》《中枢备览》光绪二十九年春
复设训导	赵 墀	赵州人	附贡	《缙绅全书》光绪二十九年夏
复设训导	赵 墀	赵州人	附贡	《爵秩全览》光绪二十九年秋
复设训导	赵 墀	赵州人	附贡	《缙绅全书》《中枢备览》光绪二十九年秋

职官	人名	籍贯	出身	出处及在职时间及在职时间
复设训导	赵　墀	赵州人	附贡	《缙绅全书》《中枢备览》光绪二十九年冬
复设训导	赵　墀	赵州人	附贡	《缙绅全书》《中枢备览》光绪三十年春
复设训导	赵　墀	赵州人	附贡	《爵秩全览》光绪三十年春
复设训导	赵　墀	赵州人	附贡	《缙绅全书》《中枢备览》光绪三十年春
复设训导	赵　墀	赵州人	附贡	《缙绅全书》光绪三十年冬
复设训导	赵　墀	赵州人	附贡	《缙绅全书》《中枢备览》光绪三十一年春
复设训导	阎宝田	冀州人	附贡	《爵秩全览》光绪三十一年夏
复设训导	阎宝田	冀州人	附贡	《缙绅全书》《中枢备览》光绪三十一年夏
复设训导	阎宝田	冀州人	附贡	《爵秩全览》光绪三十一年秋

职官	人名	籍贯	出身	出处及在职时间及在职时间
复设训导	阎宝田	冀州人	附贡	《爵秩全览》光绪三十一年冬
复设训导	阎宝田	冀州人	附贡	《爵秩全览》光绪三十二年春
复设训导	阎宝田	冀州人	附贡	《缙绅全书》《中枢备览》光绪三十二年春
复设训导	阎宝田	冀州人	附贡	《缙绅全书》光绪三十二年夏
复设训导	阎宝田	冀州人	附贡	《缙绅全书》光绪三十二年秋
复设训导	阎宝田	冀州人	附贡	《缙绅全书》光绪三十二年冬
复设训导	阎宝田	冀州人	附贡	《爵秩全览》光绪三十二年冬
复设训导	阎宝田	冀州人	附贡	《爵秩全览》光绪三十三年春
复设训导	阎宝田	冀州人	附贡	《缙绅全书》《中枢备览》光绪三十三年夏

职官	人名	籍贯	出身	出处及在职时间及在职时间
复设训导	阎宝田	冀州人	附贡	《爵秩全览》光绪三十三年秋
复设训导	阎宝田	冀州人	附贡	《爵秩全览》光绪三十三年冬
复设训导	阎宝田	冀州人	附贡	《爵秩全览》光绪三十四年春
复设训导	阎宝田	冀州人	附贡	《爵秩全览》光绪三十四年夏
复设训导	阎宝田	冀州人	附贡	《爵秩全览》光绪三十四年秋
复设训导	阎宝田	冀州人	附贡	《爵秩全览》光绪三十四年冬
复设训导	阎宝田	冀州人	附贡	《爵秩全览》宣统元年春
复设训导	阎宝田	冀州人	附贡	《爵秩全览》宣统元年夏
复设训导	阎宝田	冀州人	附贡	《爵秩全览》宣统元年秋

职官	人名	籍贯	出身	出处及在职时间及在职时间
复设训导	阎宝田	冀州人	附贡	《爵秩全览》宣统元年冬
复设训导	阎宝田	冀州人	附贡	《缙绅全书》宣统元年冬
复设训导	阎宝田	冀州人	附贡	《爵秩全览》宣统二年春
复设训导	阎宝田	冀州人	附贡	《爵秩全览》宣统二年夏
复设训导	阎宝田	冀州人	附贡	《爵秩全览》宣统二年秋

典　史

职官	人名	籍贯	出身	出处及在职时间及在职时间
典史	高自得	安徽人		《缙绅全本》乾隆二十五年冬
典史	高自得	安徽人		《缙绅全本》乾隆二十六年秋

职官	人名	籍贯	出身	出处及在职时间及在职时间
典史	高自得	安徽贵池人		《缙绅全书》乾隆三十年春
典史	高自得	安徽贵池人		《爵秩全本》乾隆三十年冬
典史	高自得	安徽贵池人		《爵秩全本》乾隆三十三年秋
典史	高堂玮	海阳人	监生	《道光任丘县志》乾隆四十年
典史	李 台	山东人	监生	《缙绅全书》《中枢备览》乾隆四十二年秋
典史	宋廷相	山阴人	监生	《道光任丘县志》乾隆五十三年
典史	高掌玮	山东海阳人	监生	《缙绅全书》《中枢备览》乾隆五十三年春
典史	郎振祖	慈溪人	监生	《道光任丘县志》乾隆五十七年
典史	郎振祖	浙江慈溪人	监生	《缙绅全书》嘉庆元年春

职官	人名	籍贯	出身	出处及在职时间及在职时间
典史	宋廷相	浙江山阴人	监生	《缙绅全书》嘉庆二年冬
典史	宋廷相	浙江山阴人	监生	《缙绅全书》嘉庆三年秋
典史	宋廷相	浙江山阴人	监生	《缙绅全书》嘉庆三年冬
典史	宋廷相	浙江山阴人	监生	《缙绅全书》嘉庆五年冬
典史	黄克昌	武进人	监生	《道光任丘县志》嘉庆六年
典史	黄克昌	江苏武进人	监生	《缙绅全书》嘉庆九年春
典史	黄克昌	江苏武进人	监生	《缙绅全书》《中枢备览》嘉庆十一年春
典史	黄克昌	江苏武进人	监生	《缙绅全书》嘉庆十一年夏
典史	曾世义	巴县人	吏员	《道光任丘县志》嘉庆十二年

职官	人名	籍贯	出身	出处及在职时间及在职时间
典史	曹书年	贵池人	监生	《道光任丘县志》嘉庆十三年
典史	曹书年	安徽贵池人	监生	《缙绅全书》嘉庆十七年秋
典史	曹文治	当涂人	监生	《道光任丘县志》嘉庆十九年
典史	闻　瀚	浙江仁和人	监生	《缙绅全书》嘉庆二十一年冬
典史	曹文治	安徽当涂人	监生	《缙绅全书》嘉庆二十二年春
典史	曹文治	安徽当涂人	监生	《缙绅全书》（大）嘉庆二十二年冬 《缙绅全书》（小）
典史	闻　瀚	仁和人	监生	《道光任丘县志》嘉庆二十三年
典史	闻　瀚	浙江仁和人	监生	《缙绅全书》嘉庆二十五年夏
典史	钱德堃	仁和人	监生	《道光任丘县志》道光四年

职官	人名	籍贯	出身	出处及在职时间及在职时间
典史		浙江仁和人		《缙绅全书》《中枢备览》道光四年夏
典史	潘 佺	仁和人	监生	《道光任丘县志》道光五年
典史	钱德堃	浙江仁和人	监生	《爵秩全览》道光六年秋
典史	钱德堃	浙江仁和人	监生	《缙绅全书》道光七年春
典史	钱德堃	浙江仁和人	监生	《缙绅全书》道光十年冬
典史	岳奎龄	江夏人	吏目	《道光任丘县志》道光十二年
典史	张 相	桐城人		《道光任丘县志》道光十三年
典史	岳奎龄	湖北江庆人	监生	《缙绅全书》《中枢备览》道光十三年夏
典史	方 鼇	上元人		《道光任丘县志》道光十四年

职官	人名	籍贯	出身	出处及在职时间及在职时间
典史	岳奎龄	湖北江庆人	监生	《缙绅全书》道光十四年春
典史	张 相	安徽桐城人	监生	《缙绅全书》道光十四年夏
典史		江苏上元人	议教	《缙绅全书》《中枢备览》道光十六年夏
典史	徐成珍	四川崇庆州人	吏员	《缙绅全书》《道光任丘县志》道光十六年秋
典史	徐成珍	四川崇庆州人	吏员	《缙绅全书》《中枢备览》道光十六年冬
典史	徐成珍	四川崇庆州人	吏员	《缙绅全书》道光十七年秋
典史	徐成珍	四川崇庆州人	吏员	《缙绅全书》道光十八年夏
典史	徐成珍	四川崇庆州人	吏员	《缙绅全书》《爵秩全览》道光十九年夏
典史	徐成珍	四川崇庆州人	吏员	《缙绅全书》道光二十年秋

职官	人名	籍贯	出身	出处及在职时间及在职时间
典史	徐成珍	四川崇庆州人	吏员	《缙绅全书》道光二十年冬
典史	徐成珍	四川人	吏员	《缙绅全书》《中枢备览》道光二十二年春
典史	徐成珍	四川人	吏员	《缙绅全书》道光二十二年冬
典史	徐成珍	四川人	吏员	《缙绅全书》道光二十五年夏
典史	徐成珍	四川人	吏员	《缙绅全书》道光二十五年秋
典史	徐成珍	四川人	吏员	《爵秩全览》道光二十六年
典史	徐成珍	四川人	吏员	《缙绅全书》道光二十七年夏
典史	徐成珍	四川人	吏员	《缙绅全书》道光二十七年秋
典史	徐成珍	四川人	吏员	《爵秩全览》道光二十八年夏

职官	人名	籍贯	出身	出处及在职时间及在职时间
典史	徐成珍	四川人	吏员	《缙绅全书》道光二十八年冬
典史	徐成珍	四川人	吏员	《缙绅全书》道光二十九年夏
典史	徐成珍	四川崇庆州人	吏员	《爵秩全览》咸丰元年夏
典史	赵元勋	浙江山阴人	监生	《爵秩全览》咸丰二年冬
典史	赵元勋	浙江山阴人	监生	《缙绅全书》咸丰三年夏
典史	徐成珍	四川崇庆州人	吏员	《缙绅全书》咸丰四年春
典史	赵元勋	浙江山阴人	监生	《缙绅全书》咸丰四年
典史	赵光勋	浙江山阴人	监生	《爵秩全览》咸丰六年春

职官	人名	籍贯	出身	出处及在职时间及在职时间
典史	赵元勋	浙江山阴人	吏员	《缙绅全书》咸丰六年春
典史	赵光勋	浙江山阴人	监生	《爵秩全览》咸丰六年夏
典史	赵光勋	浙江山阴人	监生	《爵秩全览》咸丰七年秋
典史	赵光勋	浙江山阴人	监生	《爵秩全览》咸丰七年冬
典史	赵元勋	浙江山阴人	监生	《缙绅全书》咸丰八年冬
典史	赵元勋	浙江山阴人	监生	《缙绅全书》咸丰九年夏
典史	张绍光	奉天锦县人	监生	《缙绅全书》咸丰十年秋
典史	张绍光	奉天锦县人	监生	《缙绅全书》咸丰十年

职官	人名	籍贯	出身	出处及在职时间及在职时间
典史	张绍先	奉天锦县人	监生	《缙绅全书》同治四年夏
典史	张绍先	奉天锦县人	监生	《缙绅全书》同治五年春
典史	张绍先	奉天锦县人	监生	《爵秩全览》同治六年春
典史	张绍先	奉天锦县人	监生	《缙绅全书》同治六年春
典史	陆廷杲	浙江桐乡人	监生	《缙绅全书》同治六年秋
典史	陆廷杲	浙江桐乡人	监生	《缙绅全书》同治八年春
典史	陆廷杲	浙江桐乡人	监生	《缙绅全书》同治八年冬
典史	陆廷杲	浙江桐乡人	监生	《爵秩全览》同治九年春

职官	人名	籍贯	出身	出处及在职时间及在职时间
典史	陈廷杲	浙江桐乡人	监生	《缙绅全书》同治九年夏
典史		浙江桐乡人	监生	《缙绅全书》同治九年冬
典史	陈廷杲	浙江桐乡人	监生	《缙绅全书》同治十年春
典史		浙江桐乡人	监生	《缙绅全书》同治十年夏
典史	李 灿	云南太和人	监生	《缙绅全书》同治十一年夏
典史	李 灿	云南太和人	监生	《缙绅全书》《中枢备览》同治十一年秋
典史	李 灿	云南太和人	监生	《缙绅全书》同治十二年冬
典史		云南太和人	监生	《缙绅全书》同治十三年秋

职官	人名	籍贯	出身	出处及在职时间及在职时间
典史		云南太和人	监生	《缙绅全书》同治十三年冬
典史		云南太和人	监生	《缙绅全书》《中枢备览》同治十三年冬
典史	杨春晖	江西安义人	监生	《爵秩全览》光绪元年秋
典史	杨春晖	江西安义人	监生	《缙绅全书》光绪二年秋
典史	杨春晖	江西安义人	监生	《爵秩全览》光绪二年冬
典史	杨春晖	江西安义人	监生	《缙绅全书》《中枢备览》光绪三年夏
典史	杨春晖	江西安义人	监生	《缙绅全书》光绪三年秋
典史	杨春晖	江西安义人	监生	《爵秩全览》光绪三年冬
典史	杨春晖	江西安义人	监生	《缙绅全书》《中枢备览》光绪四年秋

职官	人名	籍贯	出身	出处及在职时间及在职时间
典史	杨春晖	江西安义人	监生	《爵秩全览》光绪四年冬
典史	杨春晖	江西安义人	监生	《缙绅全书》光绪五年春
典史	杨春晖	江西安义人	监生	《缙绅全书》光绪五年秋
典史	杨春晖	江西安义人	监生	《缙绅全书》《中枢备览》光绪五年冬
典史	杨春晖	江西安义人	监生	《缙绅全书》光绪七年春
典史	杨春晖	江西安义人	监生	《爵秩全览》光绪七年冬
典史	杨春晖	江西安义人	监生	《缙绅全书》光绪七年冬
典史	杨春晖	江西安义人	监生	《缙绅全书》光绪八年冬
典史	杨春晖	江西安义人	监生	《爵秩全览》光绪十年夏

职官	人名	籍贯	出身	出处及在职时间及在职时间
典史	杨春晖	江西安义人	监生	《爵秩全览》光绪十年秋
典史	杨春晖	江西安义人	监生	《爵秩全览》光绪十一年春
典史	杨春晖	江西安义人	监生	《爵秩全览》光绪十一年夏
典史	杨春晖	江西安义人	监生	《爵秩全览》光绪十一年夏
典史	杨春晖	江西安义人	监生	《爵秩全览》光绪十一年秋
典史	杨春晖	江西安义人	监生	《爵秩全览》光绪十二年夏
典史	杨春晖	江西安义人	监生	《缙绅全书》光绪十二年秋
典史	杨春晖	江西安义人	监生	《爵秩全览》光绪十三年春
典史	杨春晖	江西安义人	监生	《缙绅全书》《中枢备览》光绪十三年夏

职官	人名	籍贯	出身	出处及在职时间及在职时间
典史	杨春晖	江西安义人	监生	《缙绅全书》光绪十三年冬
典史	杨春晖	江西安义人	监生	《缙绅全书》光绪十四年夏
典史	杨春晖	江西安义人	监生	《爵秩全览》光绪十四年冬
典史	杨春晖	江西安义人	监生	《爵秩全览》光绪十五年夏
典史	杨春晖	江西安义人	监生	《爵秩全览》光绪十五年秋
典史	杨春晖	江西安义县人	监生	《爵秩全览》光绪十五年冬
典史	杨春晖	江西安义县人	监生	《缙绅全书》光绪十六年春
典史	杨春晖	江西安义县人	监生	《缙绅全书》光绪十六年冬
典史	章平封	浙江山阴县人	吏员	《爵秩全览》光绪十八年春

职官	人名	籍贯	出身	出处及在职时间及在职时间
典史	章平封	浙江山阴县人	吏员	《爵秩全览》光绪十八年秋
典史	章平封	浙江山阴县人	吏员	《爵秩全览》光绪十八年冬
典史	章平封	浙江山阴县人	吏员	《缙绅全书》光绪十九年春
典史	章平封	浙江山阴县人	吏员	《爵秩全览》光绪十九年夏
典史	章平封	浙江山阴人	吏员	《爵秩全览》光绪十九年秋
典史	章平封	浙江山阴人	吏员	《缙绅全书》光绪十九年冬
典史	章平封	浙江山阴人	吏员	《爵秩全览》光绪十九年冬
典史	章平封	浙江山阴人	吏员	《缙绅全书》《中枢备览》光绪二十年夏
典史	章平封	浙江山阴人	吏员	《爵秩全览》光绪二十年秋

职官	人名	籍贯	出身	出处及在职时间及在职时间
典史	章平封	浙江山阴人	吏员	《爵秩全览》光绪二十一年春
典史	章平封	浙江山阴人	吏员	《爵秩全览》光绪二十一年夏
典史	章平封	浙江山阴人	吏员	《爵秩全览》光绪二十一年秋
典史	章平封	浙江山阴人	吏员	《缙绅全书》光绪二十一年冬
典史	章平封	浙江山阴人	吏员	《爵秩全览》光绪二十二年春
典史	章平封	浙江山阴人	吏员	《缙绅全书》光绪二十二年春
典史	章平封	浙江山阴人	吏员	《爵秩全览》光绪二十二年夏
典史	章平封	浙江山阴人	吏员	《爵秩全览》光绪二十二年秋
典史	章平封	浙江山阴人	吏员	《爵秩全览》光绪二十二年冬

职官	人名	籍贯	出身	出处及在职时间及在职时间
典史	章平封	浙江山阴人	吏员	《爵秩全览》光绪二十三年夏
典史	章平封	浙江山阴人	吏员	《缙绅全书》《中枢备览》光绪二十三年秋
典史	章平封	浙江山阴人	吏员	《爵秩全览》光绪二十三年冬
典史	章平封	浙江山阴人	吏员	《爵秩全览》光绪二十四年春
典史	章平封	浙江山阴人	吏员	《爵秩全览》光绪二十四年秋
典史	章平封	浙江山阴人	吏员	《爵秩全览》光绪二十四年冬
典史	章平封	浙江山阴人	吏员	《缙绅全书》光绪二十四年冬
典史	章平封	浙江山阴人	吏员	《爵秩全览》光绪二十五年春
典史	章平封	浙江山阴人	吏员	《缙绅全书》《中枢备览》光绪二十五年春

职官	人名	籍贯	出身	出处及在职时间及在职时间
典史	章平封	浙江山阴人	吏员	《爵秩全览》光绪二十五年夏
典史	章平封	浙江山阴县人	吏员	《缙绅全书》光绪二十五年夏
典史	章平封	浙江山阴县人	吏员	《爵秩全览》光绪二十五年秋
典史	章平封	浙江山阴县人	吏员	《缙绅全书》《中枢备览》光绪二十五年冬
典史	章平封	浙江山阴县人	吏员	《缙绅全书》《中枢备览》光绪二十六年春
典史	章平封	浙江山阴县人	吏员	《缙绅全书》光绪二十六年夏
典史	章平封	浙江山阴县人	吏员	《爵秩全览》光绪二十六年秋
典史	章平封	浙江山阴县人	吏员	《缙绅全书》光绪二十七年春
典史	章平封	浙江山阴县人	吏员	《爵秩全览》光绪二十七年冬

职官	人名	籍贯	出身	出处及在职时间及在职时间
典史	章平封	浙江山阴人	吏员	《缙绅全书》《中枢备览》光绪二十七年冬
典史	章平封	浙江山阴人	吏员	《爵秩全览》光绪二十八年春
典史	章平封	浙江山阴人	吏员	《缙绅全书》《中枢备览》《爵秩全览》光绪二十八年夏
典史	章平封	浙江山阴人	吏员	《爵秩全览》光绪二十八年秋
典史	章平封	浙江山阴人	吏员	《缙绅全书》《中枢备览》光绪二十八年冬
典史	章平封	浙江山阴人	吏员	《爵秩全览》光绪二十九年春
典史	章平封	浙江山阴人	吏员	《缙绅全书》《中枢备览》光绪二十九年春
典史	章平封	浙江山阴人	吏员	《缙绅全书》光绪二十九年夏
典史	章平封	浙江山阴人	吏员	《爵秩全览》光绪二十九年秋

职官	人名	籍贯	出身	出处及在职时间及在职时间
典史	章平封	浙江山阴人	吏员	《缙绅全书》《中枢备览》光绪二十九年秋
典史	章平封	浙江山阴人	吏员	《缙绅全书》《中枢备览》光绪二十九年冬
典史	章平封	浙江山阴人	吏员	《缙绅全书》《中枢备览》光绪三十年春
典史	章平封	浙江山阴人	吏员	《爵秩全览》光绪三十年春
典史	章平封	浙江山阴人	吏员	《缙绅全书》《中枢备览》光绪三十年春
典史	章平封	浙江山阴人	吏员	《缙绅全书》光绪三十年冬
典史	章平封	浙江山阴县人	吏员	《缙绅全书》《中枢备览》光绪三十一年春
典史	章平封	浙江山阴县人	吏员	《爵秩全览》光绪三十一年夏
典史	章平封	浙江山阴县人	吏员	《缙绅全书》《中枢备览》光绪三十一年夏

职官	人名	籍贯	出身	出处及在职时间及在职时间
典史	章平封	浙江山阴县人	吏员	《爵秩全览》光绪三十一年秋
典史	章平封	浙江山阴县人	吏员	《爵秩全览》光绪三十一年冬
典史	章平封	浙江山阴县人	吏员	《爵秩全览》光绪三十二年春
典史	章平封	浙江山阴县人	吏员	《缙绅全书》《中枢备览》光绪三十二年春
典史	章平封	浙江山阴县人	吏员	《缙绅全书》光绪三十二年夏
典史	章平封	浙江山阴县人	吏员	《缙绅全书》光绪三十二年秋
典史	章平封	浙江山阴县人	吏员	《缙绅全书》光绪三十二年冬
典史	章平封	浙江山阴县人	吏员	《爵秩全览》光绪三十二年冬
典史	章平封	浙江山阴县人	吏员	《爵秩全览》光绪三十三年春

职官	人名	籍贯	出身	出处及在职时间及在职时间
典史	章平封	浙江山阴人	吏员	《缙绅全书》《中枢备览》光绪三十三年夏
典史	章平封	浙江山阴人	吏员	《爵秩全览》光绪三十三年秋
典史	章平封	浙江山阴人	吏员	《爵秩全览》光绪三十三年冬
典史	章平封	浙江山阴人	吏员	《爵秩全览》最新百官录　光绪三十四年春
典史	章平封	浙江山阴人	吏员	《爵秩全览》光绪三十四年夏
典史	章平封	浙江山阴人	吏员	《爵秩全览》光绪三十四年秋
典史	章平封	浙江山阴人	吏员	《爵秩全览》光绪三十四年冬
典史	章平封	浙江山阴人	吏员	《爵秩全览》宣统元年春
典史	章平封	浙江山阴人	吏员	《爵秩全览》宣统元年夏

职官	人名	籍贯	出身	出处及在职时间及在职时间
典史	章平封	浙江山阴人	吏员	《爵秩全览》宣统元年秋
典史	章平封	浙江山阴人	吏员	《爵秩全览》宣统元年冬
典史	章平封	浙江山阴人	吏员	《缙绅全书》宣统元年冬
典史	章平封	浙江山阴人	吏员	《爵秩全览》宣统二年春
典史	章平封	浙江山阴人	吏员	《爵秩全览》宣统二年夏
典史	章平封	浙江山阴人	吏员	《爵秩全览》宣统二年秋
典史	章平封	浙江山阴人	吏员	《爵秩全览》宣统二年冬
典史	章平封	浙江山阴人	吏员	《爵秩全览》宣统三年春
典史	董　桂	甘肃人	廪生	《爵秩全览》宣统三年秋

职官	人名	籍贯	出身	出处及在职时间及在职时间
典史	董　桂	甘肃人	廪生	《职官录》宣统三年冬
典史	董　桂	甘肃人	廪生	《职官录》宣统四年春